10
KB241480

세광음악출판사

☆ 다장조 딸림 7화음

☆ 조표

조표는 조를 정해주는 표로, 음자리표 옆에 ♯(올림표) 또는 ♭(내림표)를 붙입니다.

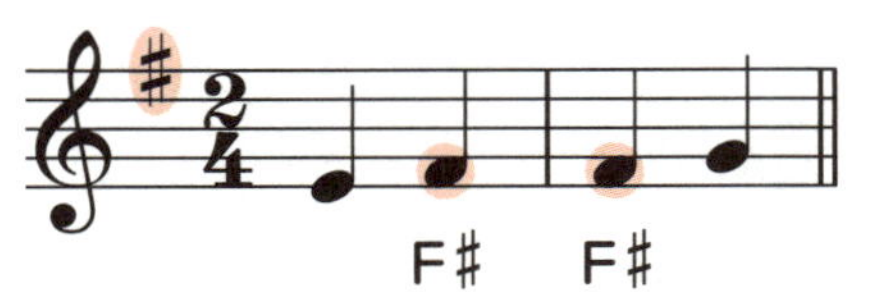

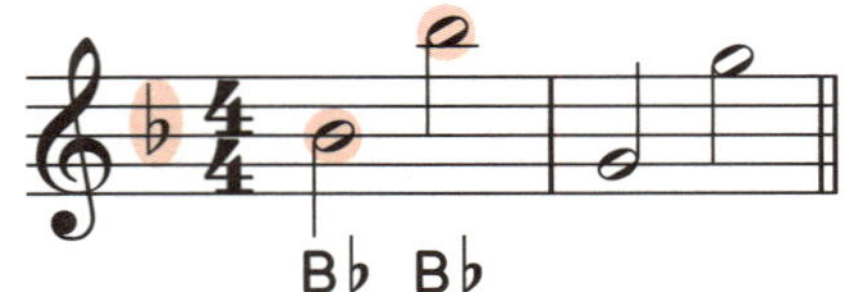

☆ 조표 ♯, ♭ 붙는 순서

♯(샤프) 붙는 순서 : 파 - 도 - 솔 - 레 - 라 - 미 - 시

♭(플랫) 붙는 순서 : 시 - 미 - 라 - 레 - 솔 - 도 - 파

☆ 사장조 음계

계이름	도	레	미	파	솔	라	시	도
우리나라 음이름	사	가	나	다	라	마	올림바	사
영어 음이름	G	A	B	C	D	E	F♯	G

☆ 사장조 주요 3화음과 딸림 7화음

☆ 박자표

박자표	읽는 법	뜻
$\frac{3}{8}$	8분의 3박자	- 한 마디 안에 8분음표(♪)가 3개 - 8분음표(♪)를 1박으로 연주
$\frac{6}{8}$	빠른 8분의 6박자	- 한 마디 안에 8분음표(♪)가 6개 - 점4분음표(♩.)를 1박으로 연주

8분의 3박자

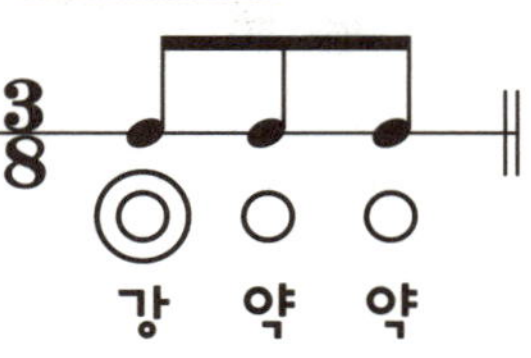

빠른 8분의 6박자

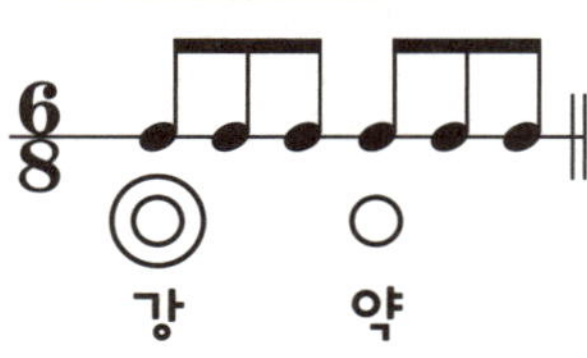

차 례

다장조 음계

🔔 빈칸을 알맞게 채우고, 반음에 ∨ 해 보세요.

다장조 음계

♯, ♭ 붙은 음이름

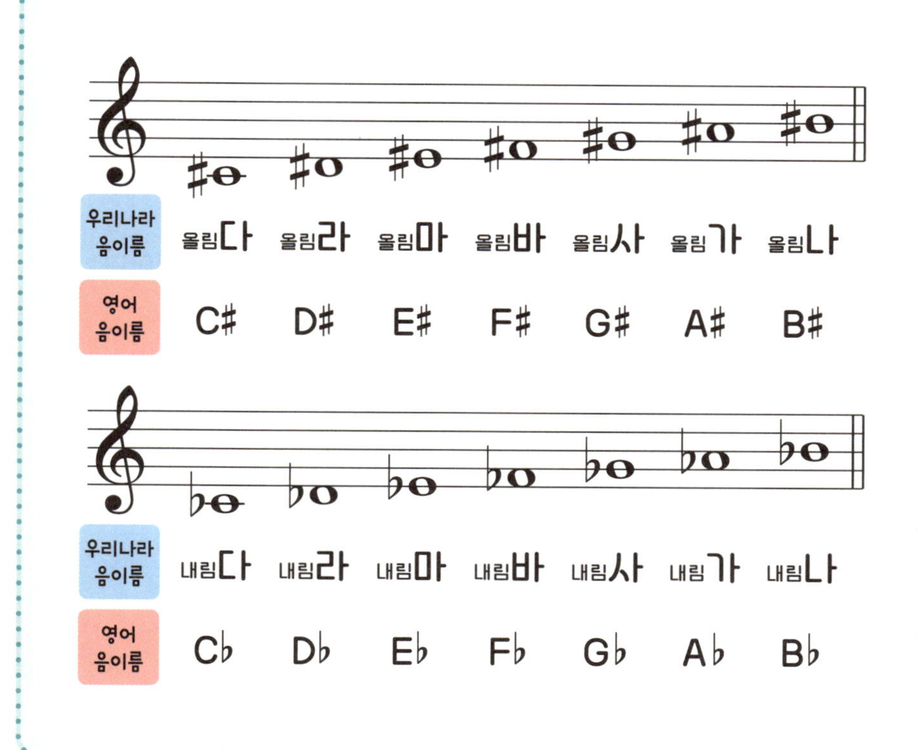

🔔 알맞은 것끼리 줄로 이어 보세요.

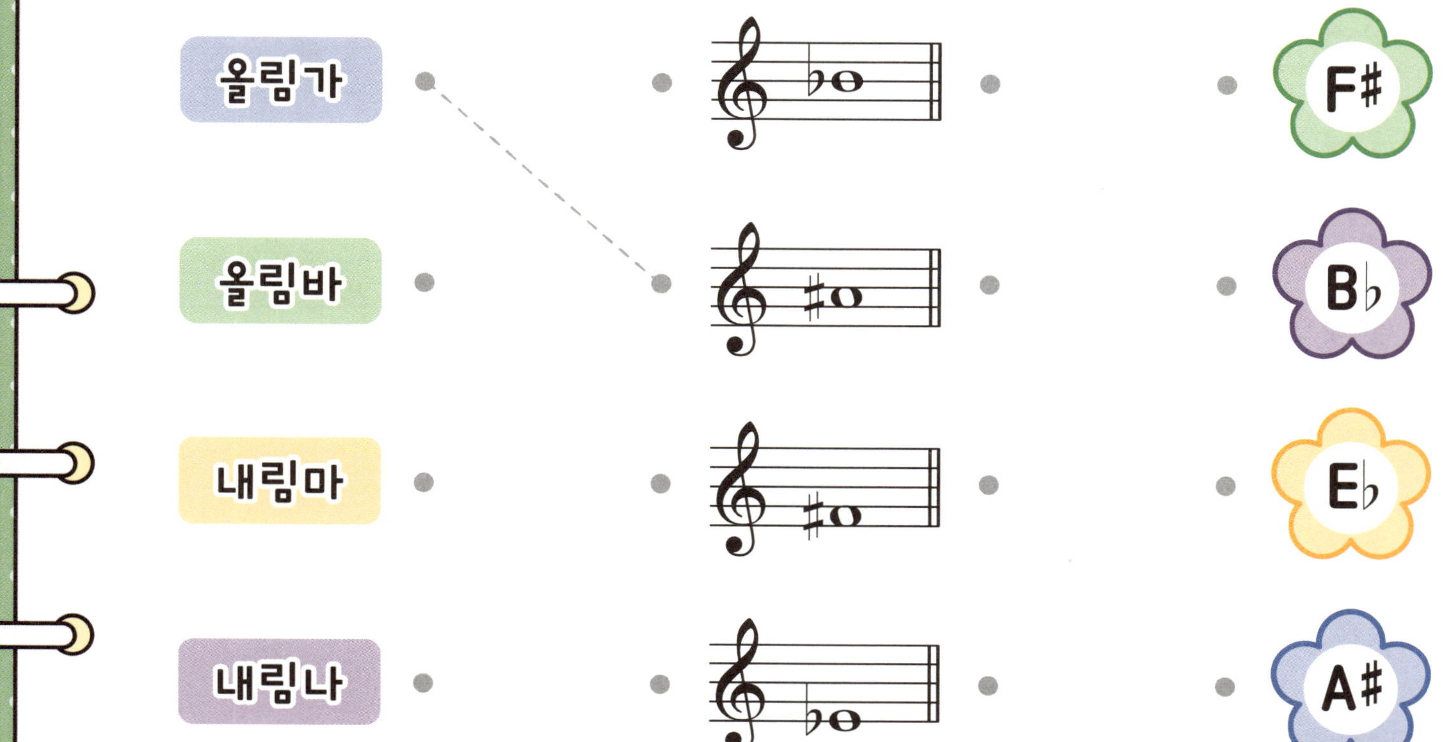

갖춘마디와 못갖춘마디

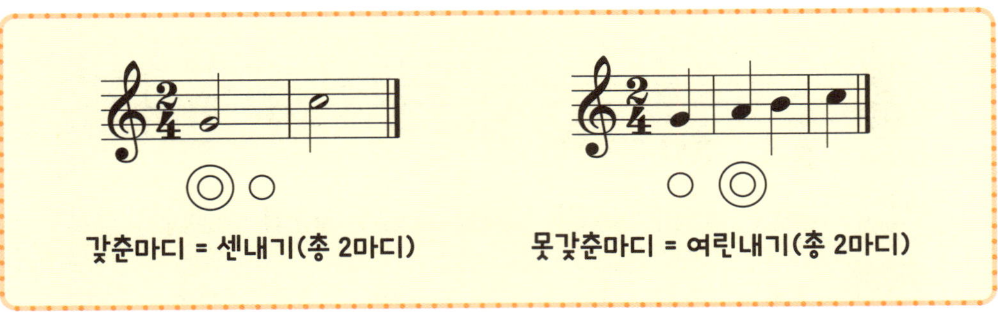

알맞은 것끼리 줄로 이어 보세요.

테누토, 악센트, 크레셴도, 데크레셴도

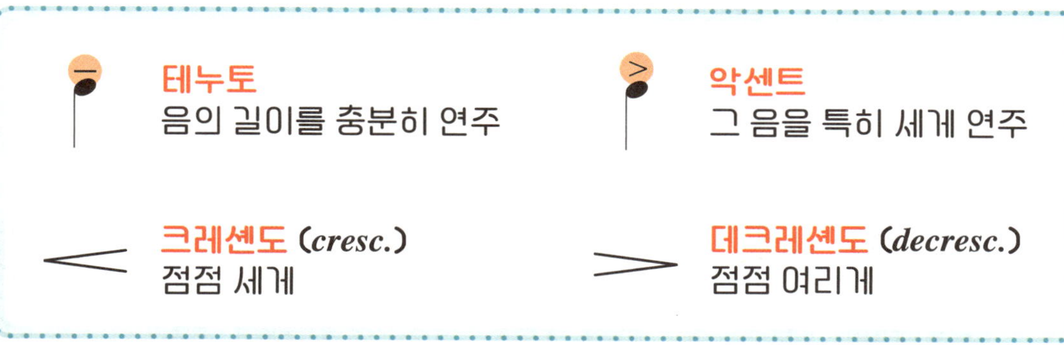

주어진 연주방법에 맞는 것을 모두 골라 O 해 보세요(각 2개).

악센트	그 음을 특히 세게 연주	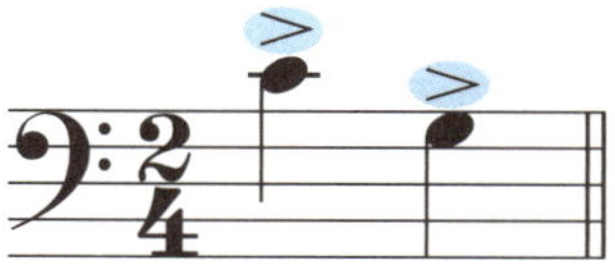	음의 길이를 충분히 연주

테누토	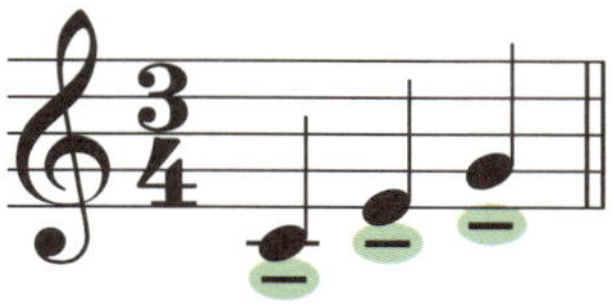	음의 길이를 충분히 연주	

크레셴도		점점 세게	decresc.

데크레셴도	decresc.		점점 세게

여러 가지 도·솔의 자리

🔔 빈칸에 계이름을 써 보세요.

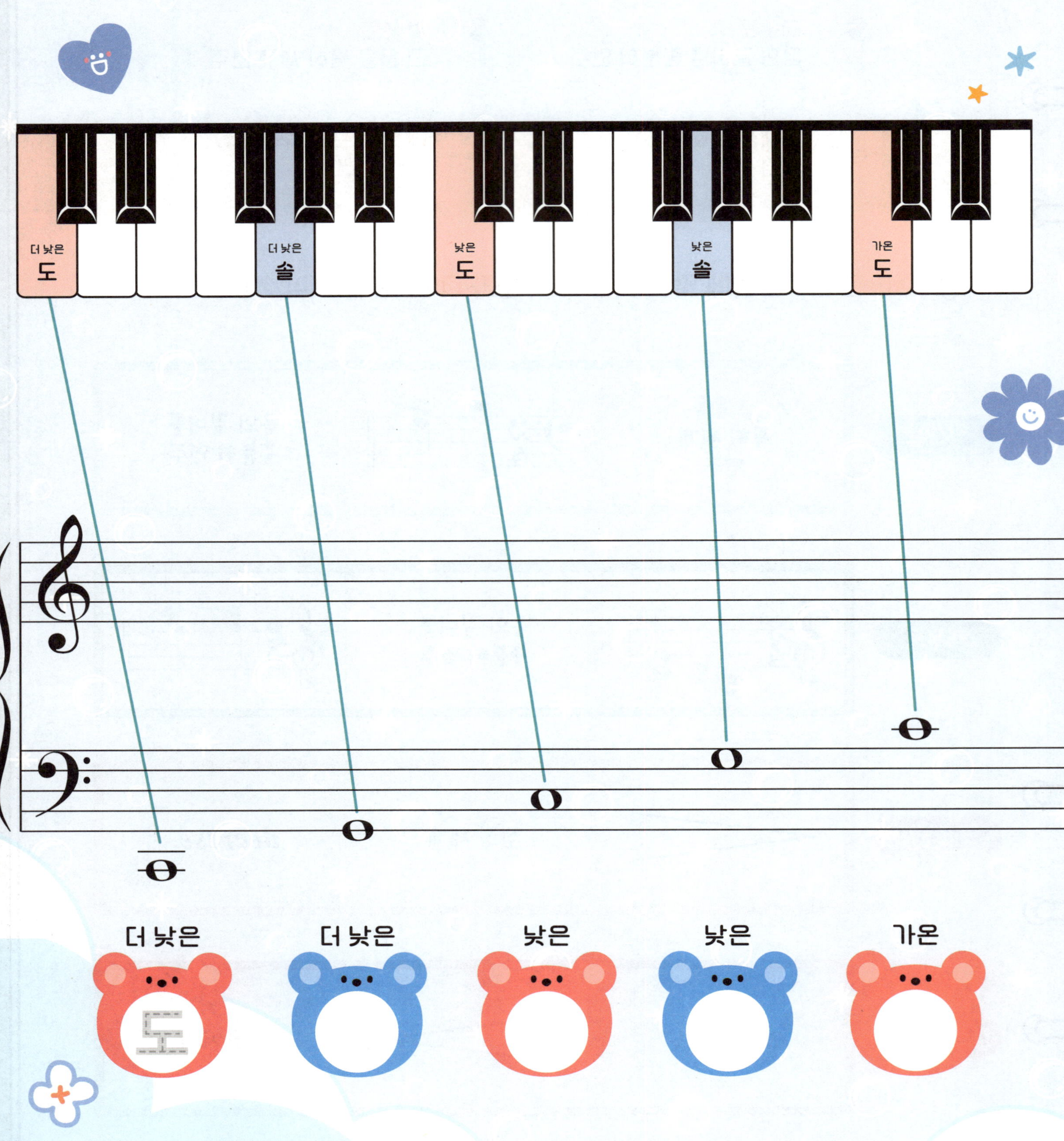

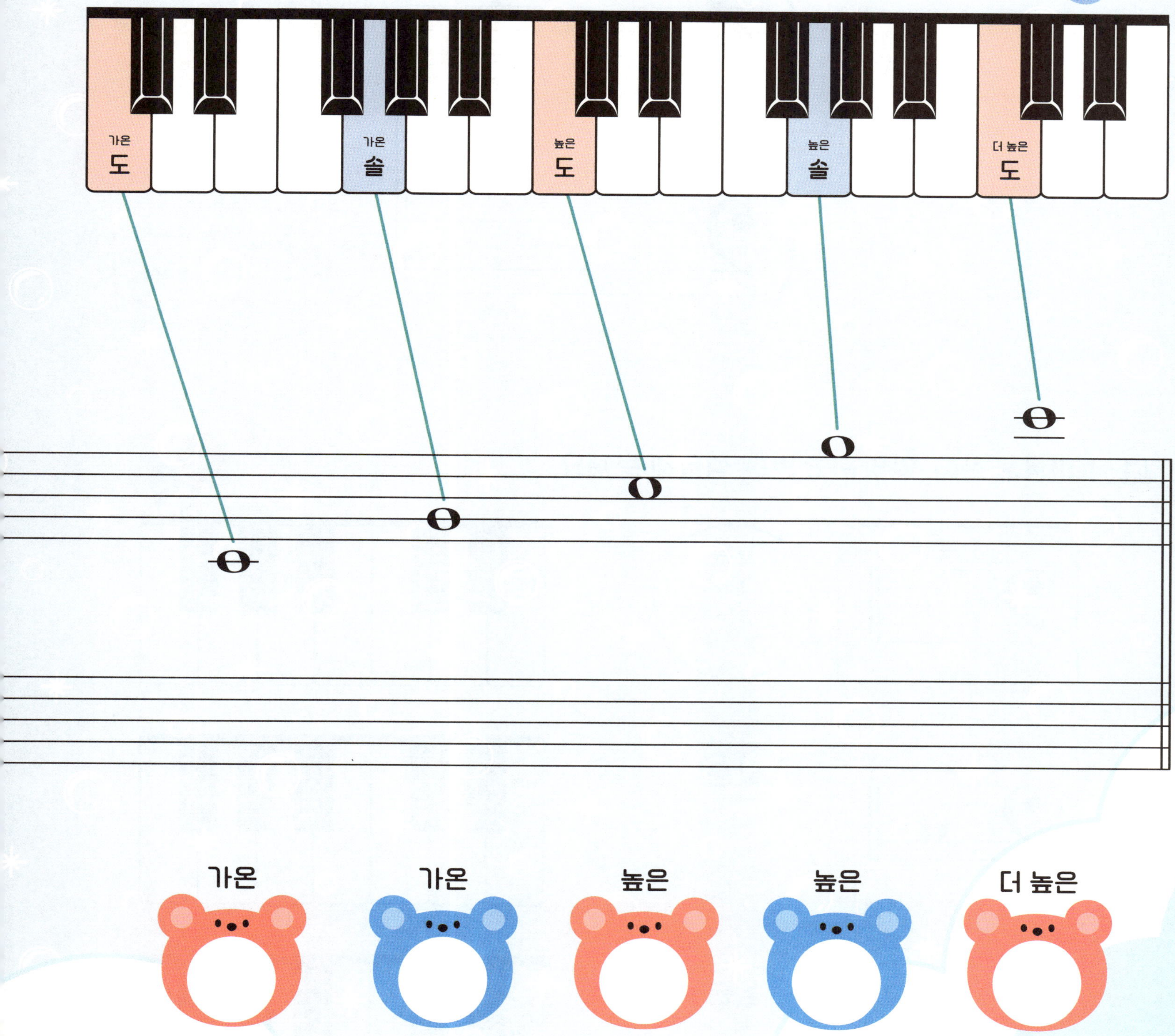

가온 도
가온 솔
높은 도
높은 솔
더 높은 도

가온
가온
높은
높은
더 높은

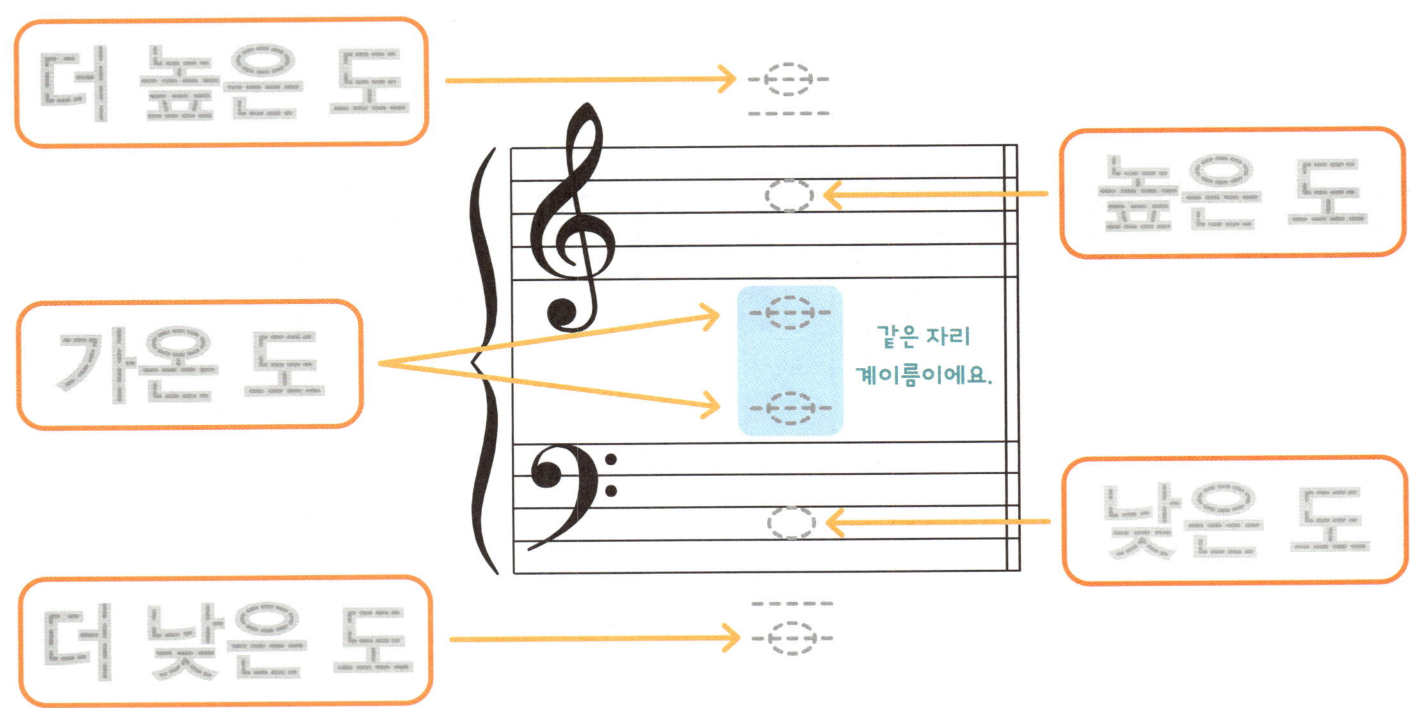

🔔 계이름을 쓰고, 알맞은 건반에 색칠해 보세요.

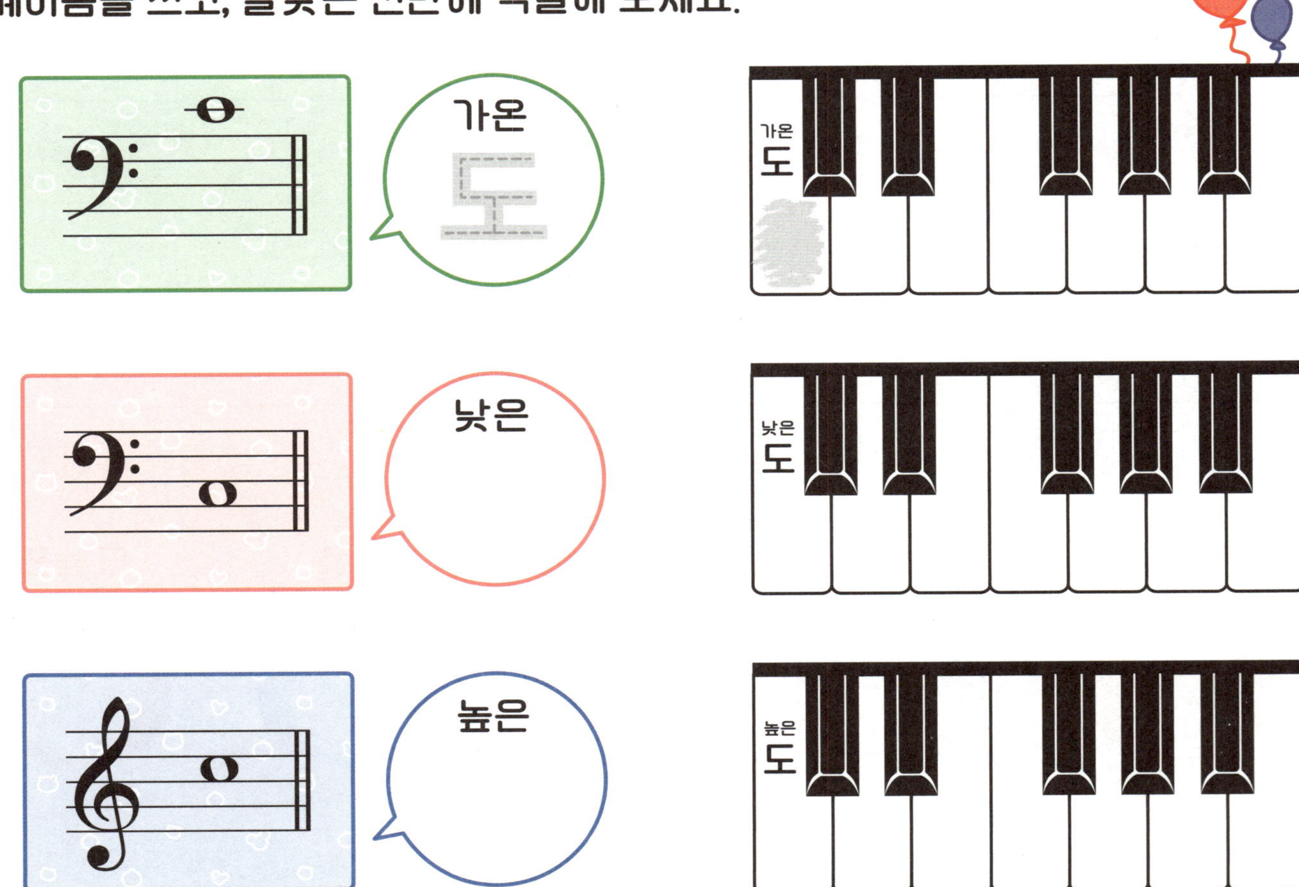

높은
가온
낮은
더 낮은
가온
높은
더 높은
가온

다장조 딸림 7화음

따라 그리고, 써 보세요.

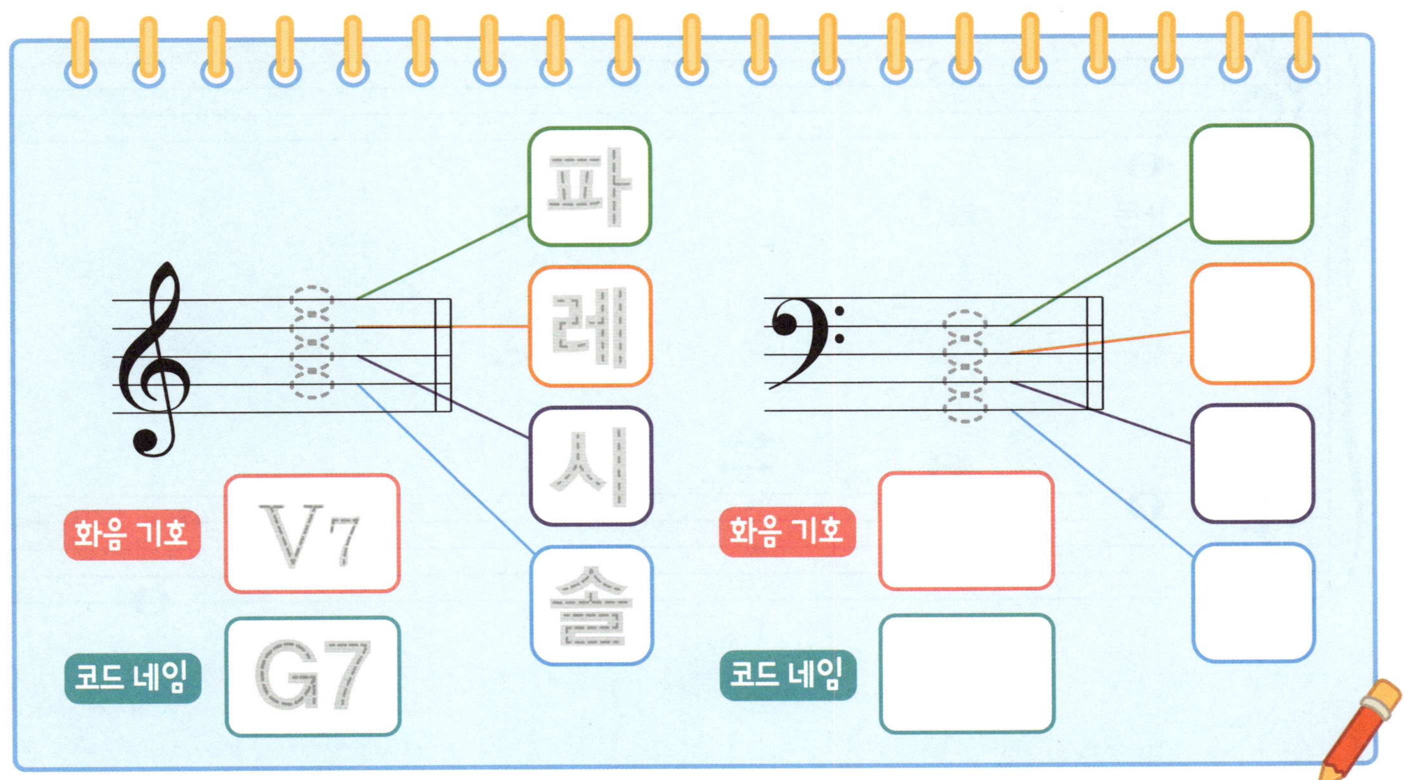

🔔 다장조 딸림화음과 딸림 7화음을 온음표로 그리고, 건반에 색칠해 보세요.

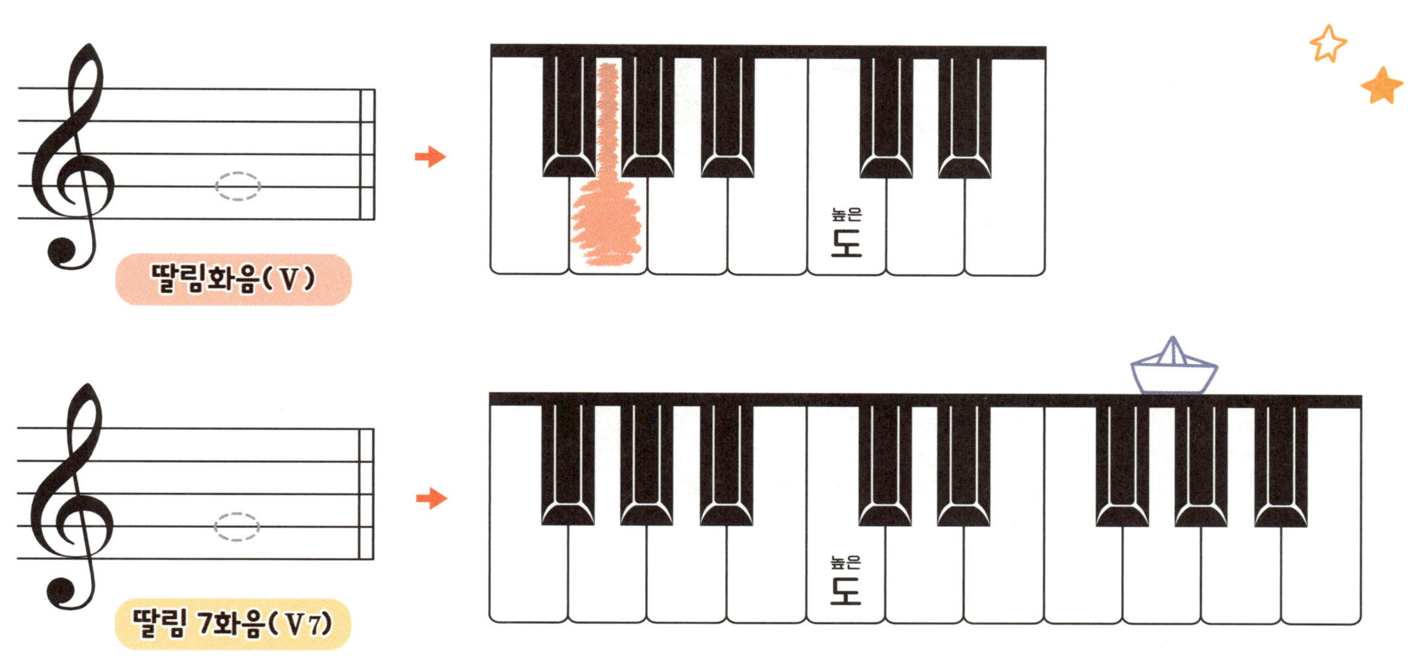

🔔 다장조 딸림 7화음을 온음표로 그리고, 화음 기호와 코드 네임을 써 보세요.

화음 기호	V 7			
코드 네임	G 7			

다장조 주요 3화음과 딸림 7화음

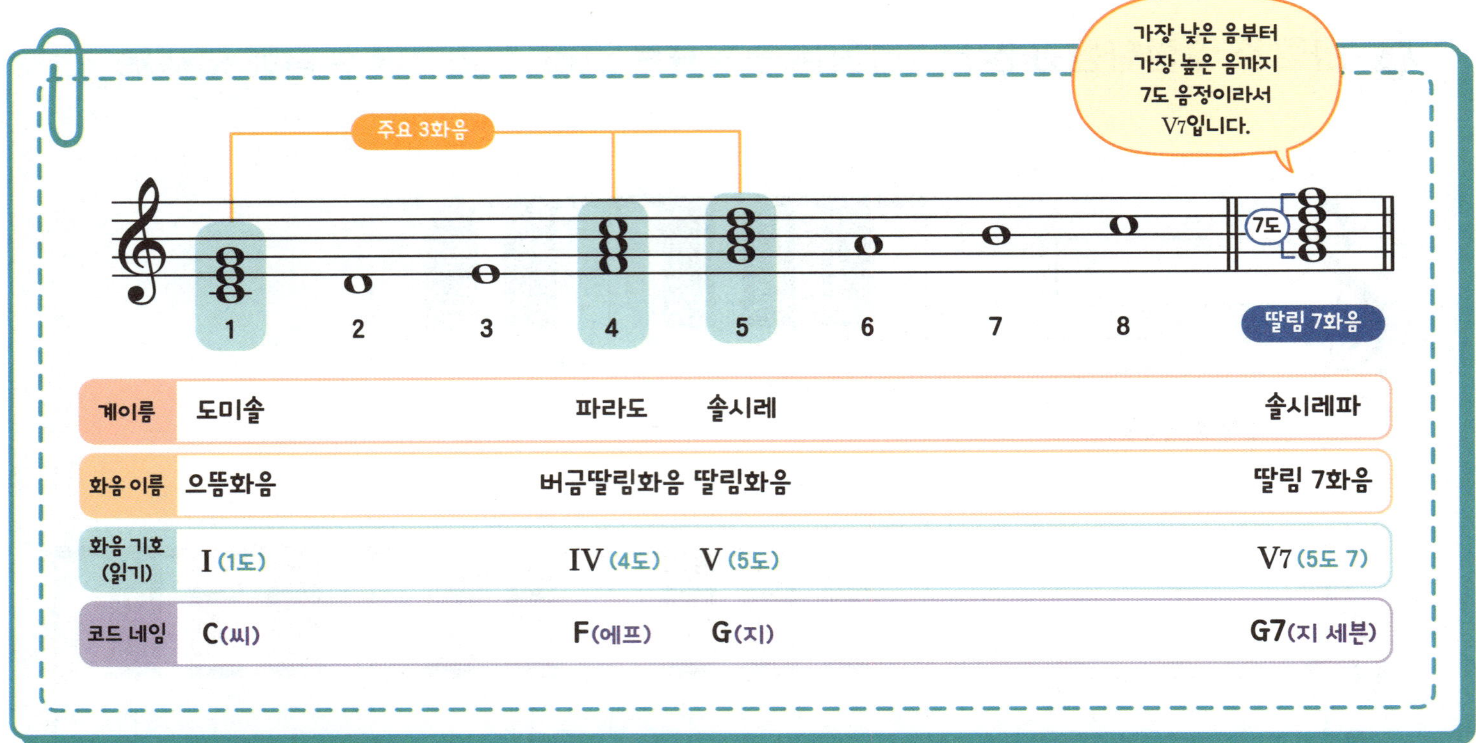

계이름	도미솔	파라도	솔시레	솔시레파
화음 이름	으뜸화음	버금딸림화음	딸림화음	딸림 7화음
화음 기호 (읽기)	I (1도)	IV (4도)	V (5도)	V7 (5도 7)
코드 네임	C (씨)	F (에프)	G (지)	G7 (지 세븐)

🔔 알맞은 것끼리 줄로 이어 보세요.

다장조 화음	화음 이름	화음 기호 (코드 네임)
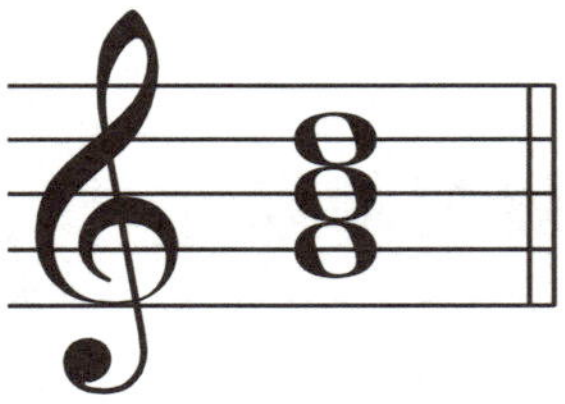	버금딸림화음	V(G)
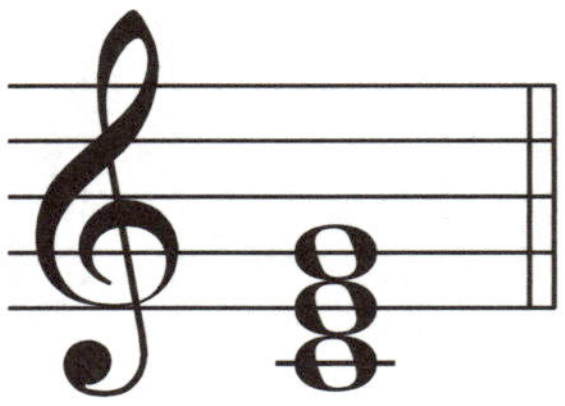	딸림화음	I(C)
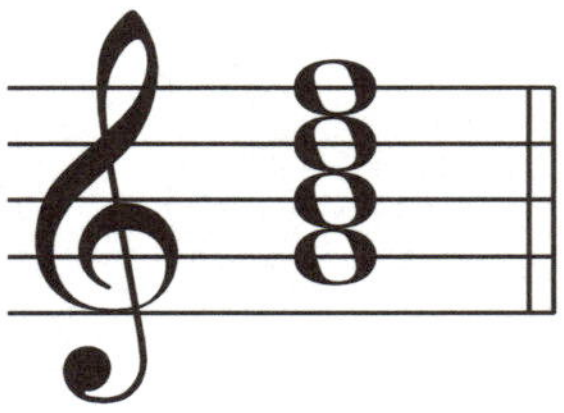	으뜸화음	V7(G7)
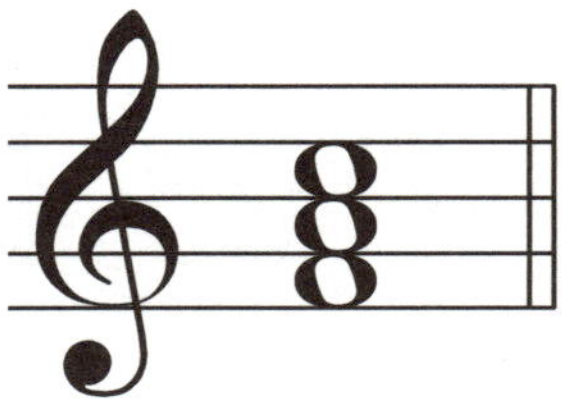	딸림 7화음	IV(F)

으뜸화음	딸림화음
G 코드	C 코드

파라도	라도미
으뜸화음	버금딸림화음

딸림화음	으뜸화음
F 코드	G 코드

버금딸림화음	딸림 7화음
솔시레파	파라도

다장조 종합

🔔 다장조의 계이름과 음이름을 알맞게 써 보세요.

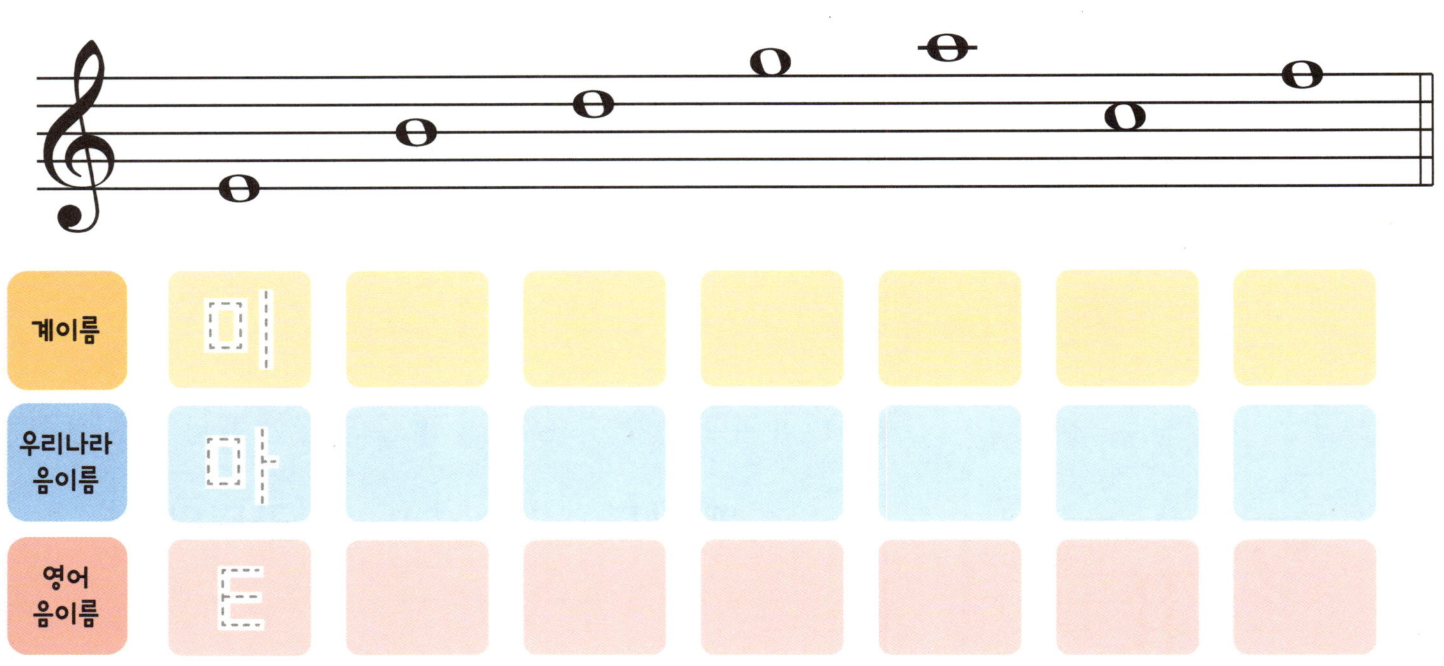

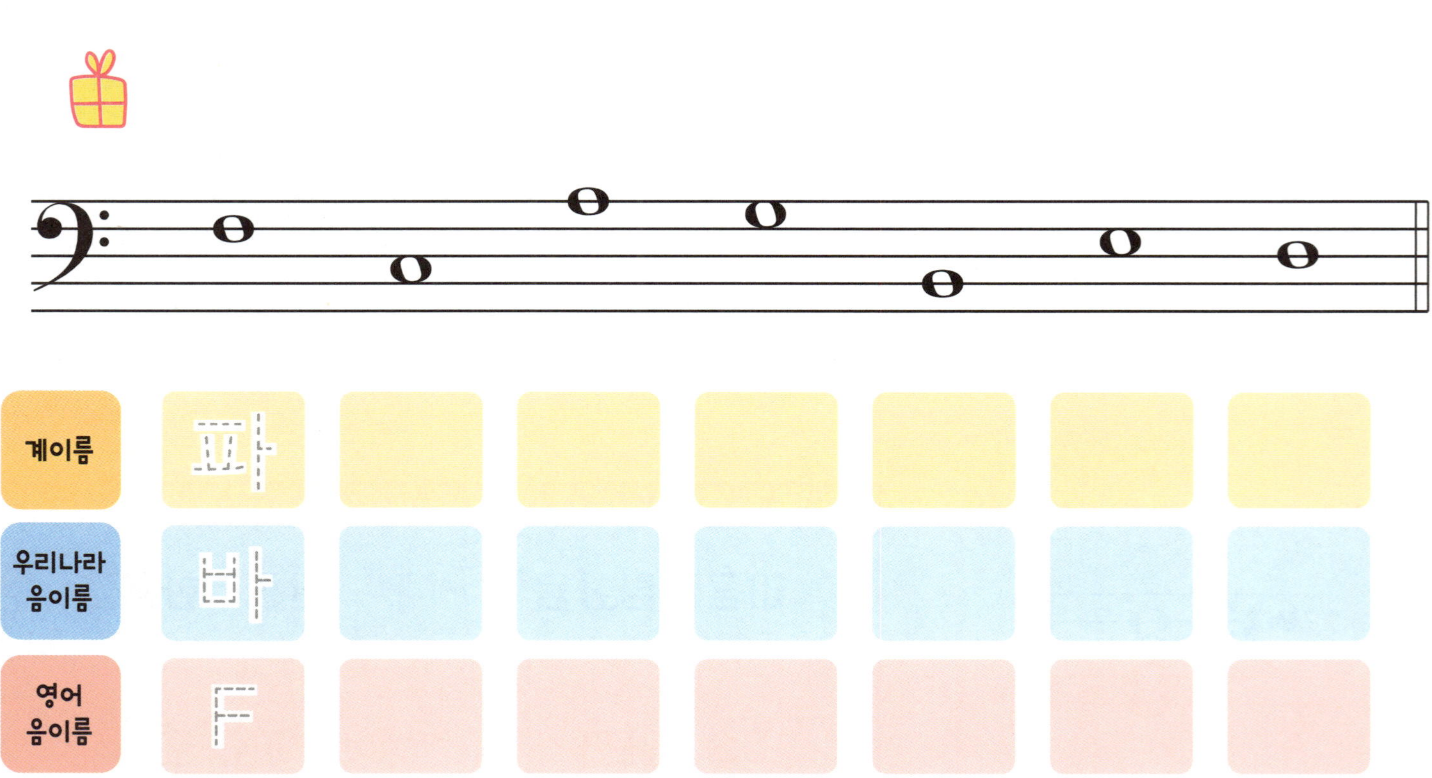

🔔 다장조 화음에 알맞은 코드 네임을 써 보세요.

🔔 알맞은 화음 이름에 O 해 보세요.

다장조

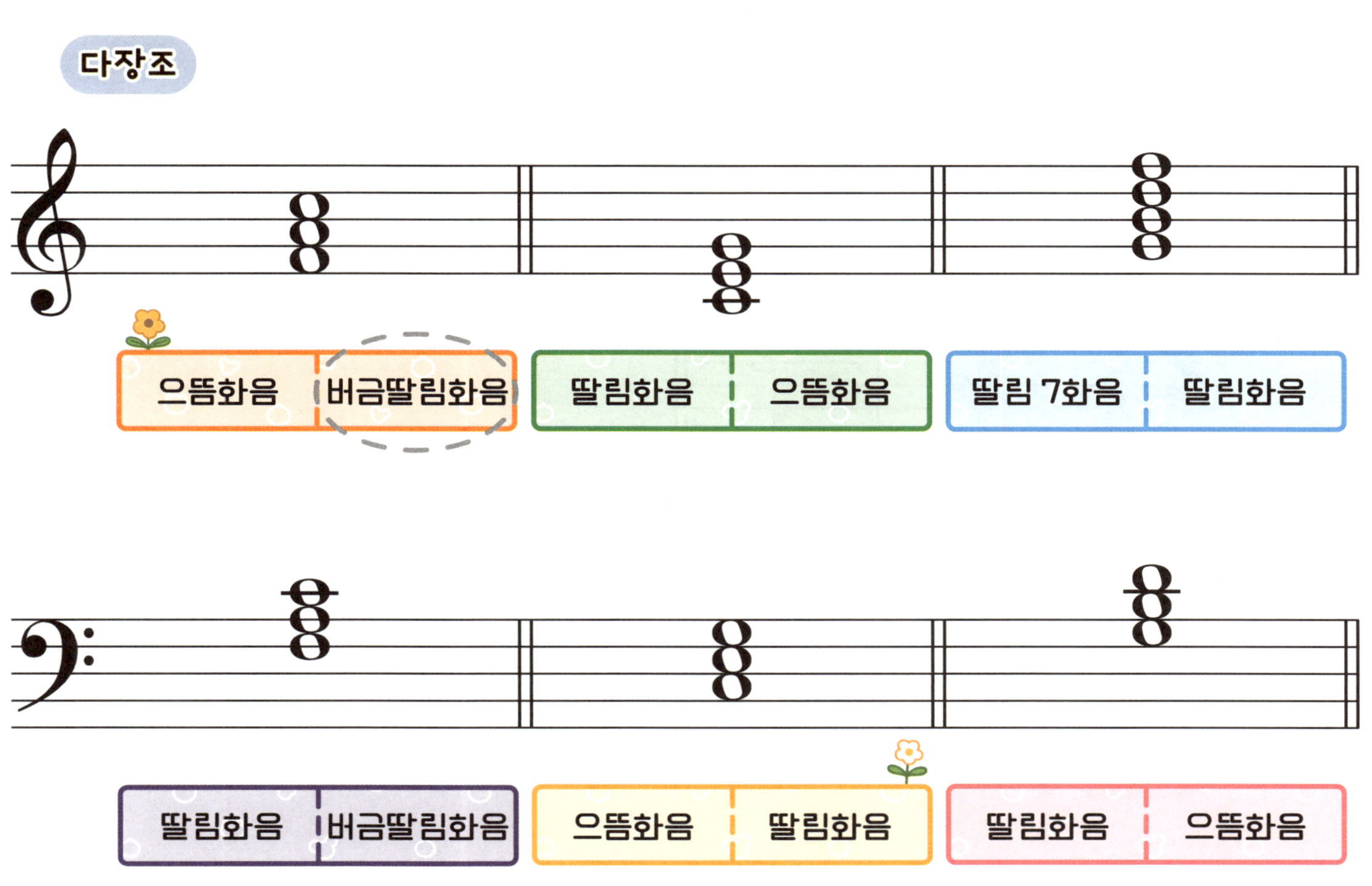

임시표와 조표

임시표

같은 마디 안에서만 음을 변화시킴.

붙임줄로 연결된 음은 마디가 바뀌어도 음이 변함.

 따라 써 보세요.

임시표

같은 마디 안 에서만 음이 변해요.

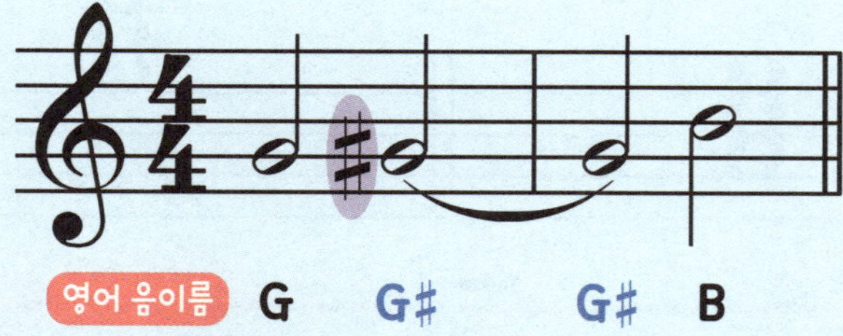

붙임줄로 연결된 음 은 마디가 바뀌어도 앞과 같이 음이 변해요.

조표

마디가 바뀌어도 음이 변함.

영어 음이름	F♯	E	F♯

옥타브가 달라져도 음이 변함.

영어 음이름	B♭	B♭	G	G

조표는 조를 정해주는 표로,
음자리표 옆에 ♯또는 ♭을 붙여요.

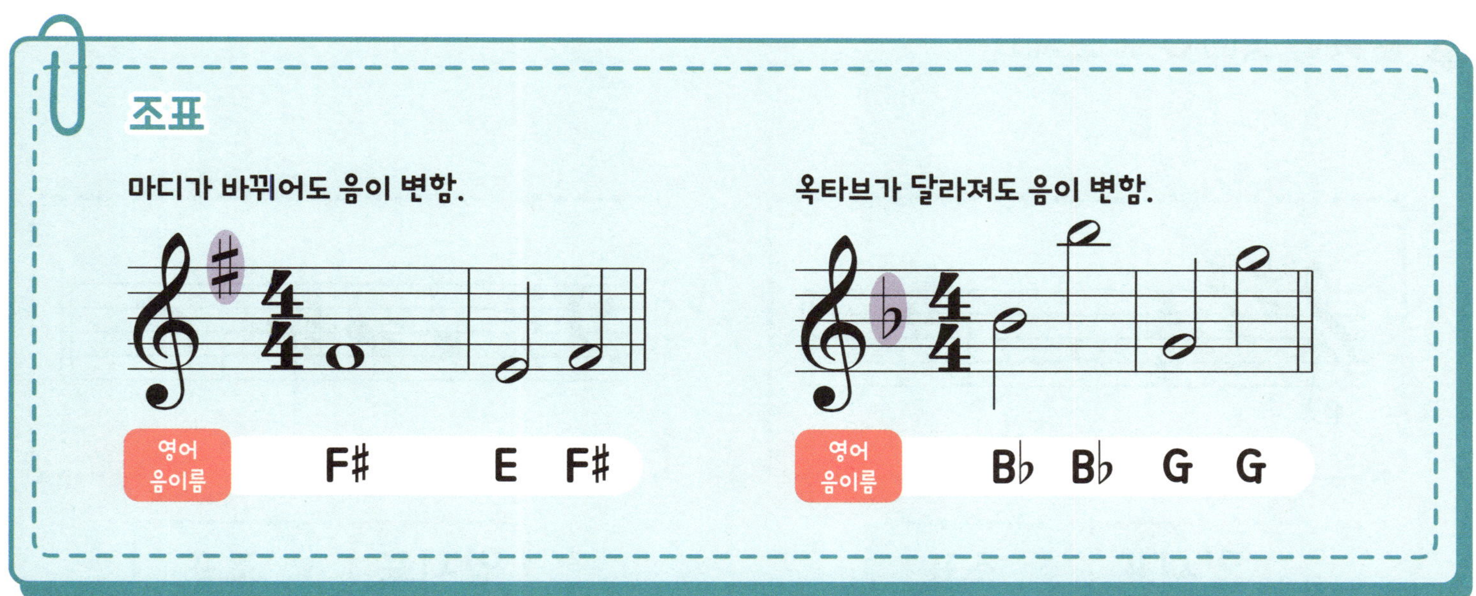

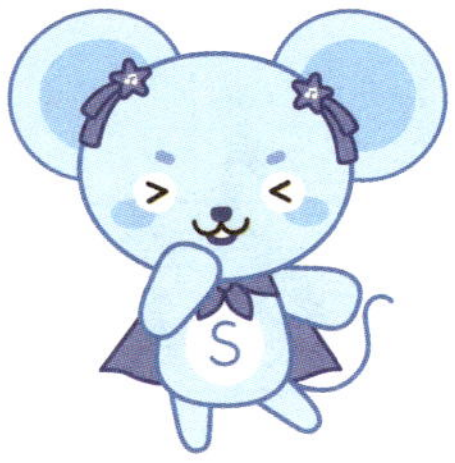

따라 써 보세요.

음자리표 옆에 붙여요.

조표

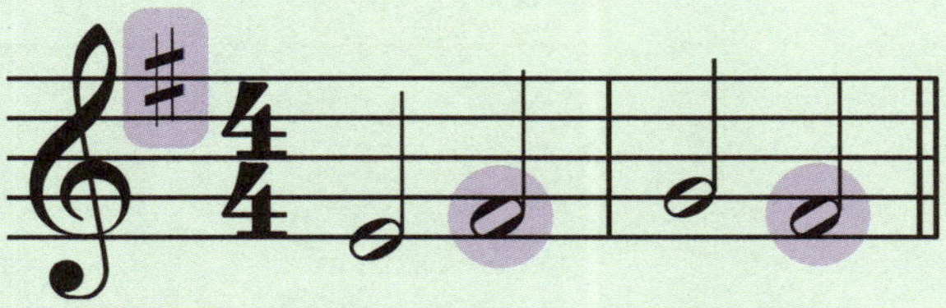

영어 음이름	E	F♯	G	F♯

마디가 바뀌어도 음이 변해요.

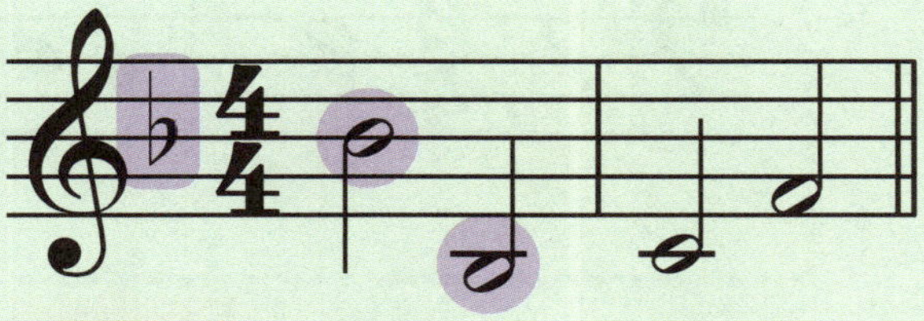

영어 음이름	B♭	B♭	C	F

옥타브가 달라져도 음이 변해요.

알맞은 것에 ⭕ 해 보세요.

🔔 알맞은 것끼리 줄로 이어 보세요.

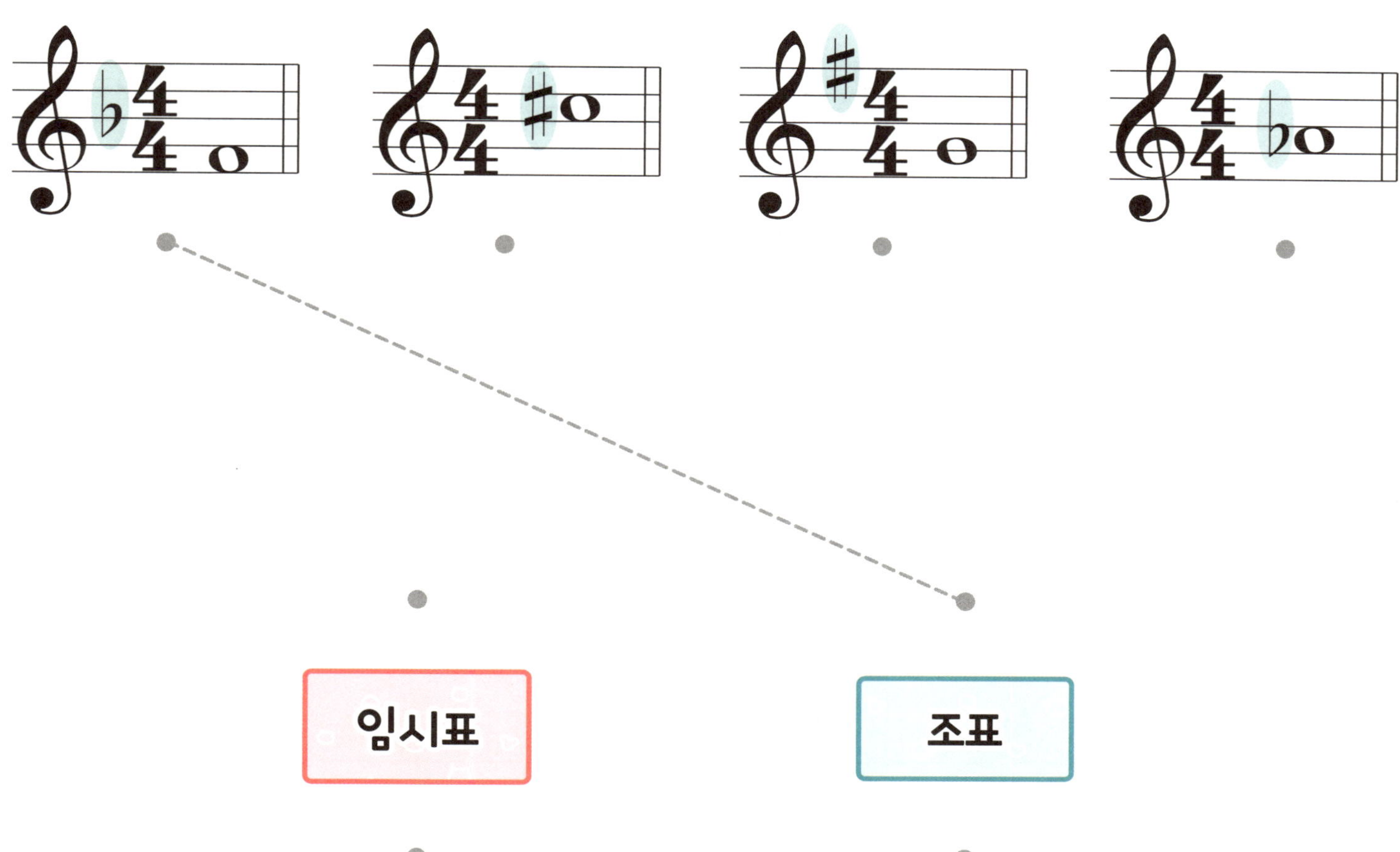

임시표

조표

조표 # 붙는 순서

조표 #(샤프)는

파 → 도 → 솔 → 레 → 라 → 미 → 시

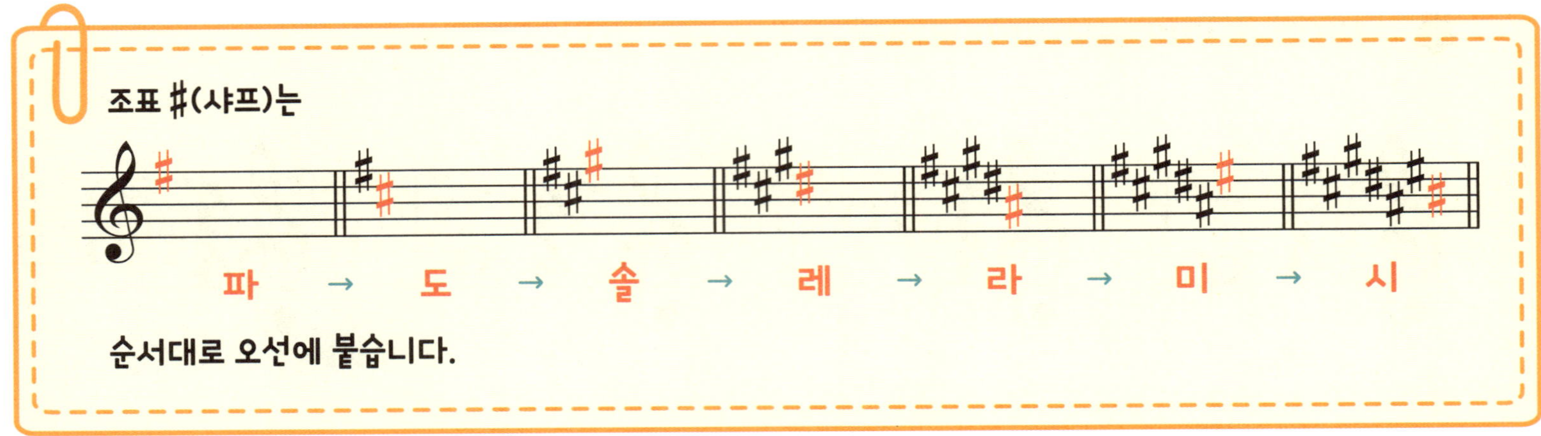

순서대로 오선에 붙습니다.

조표 #(샤프) 붙는 순서를 따라 그리고, 써 보세요.

높은음자리 보표

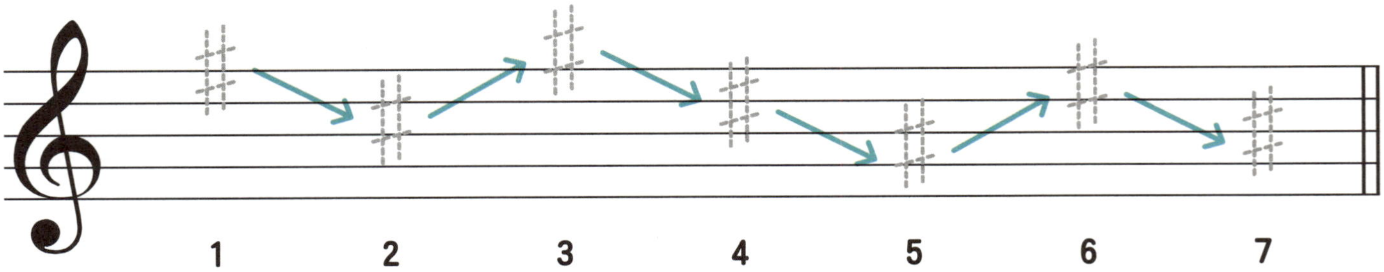

조표 # 붙는 순서

1	2	3	4	5	6	7
파 →	도 →	솔 →	레 →	라 →	미 →	시

낮은음자리 보표

조표 # 붙는 순서

1	2	3	4	5	6	7
파 →	→	→	→	→	→	

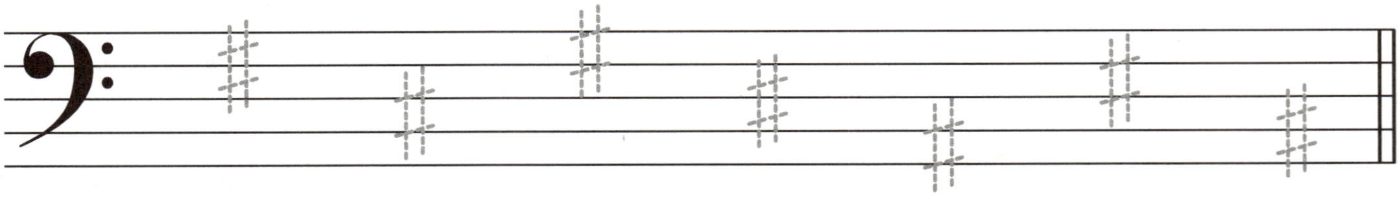

🔔 조표 #(샤프) 붙는 순서대로 번호를 써 보세요.

조표 ♭ 붙는 순서

조표 ♭(플랫)은

시 → 미 → 라 → 레 → 솔 → 도 → 파

순서대로 오선에 붙습니다.

조표 ♭(플랫) 붙는 순서를 따라 그리고, 써 보세요.

높은음자리 보표

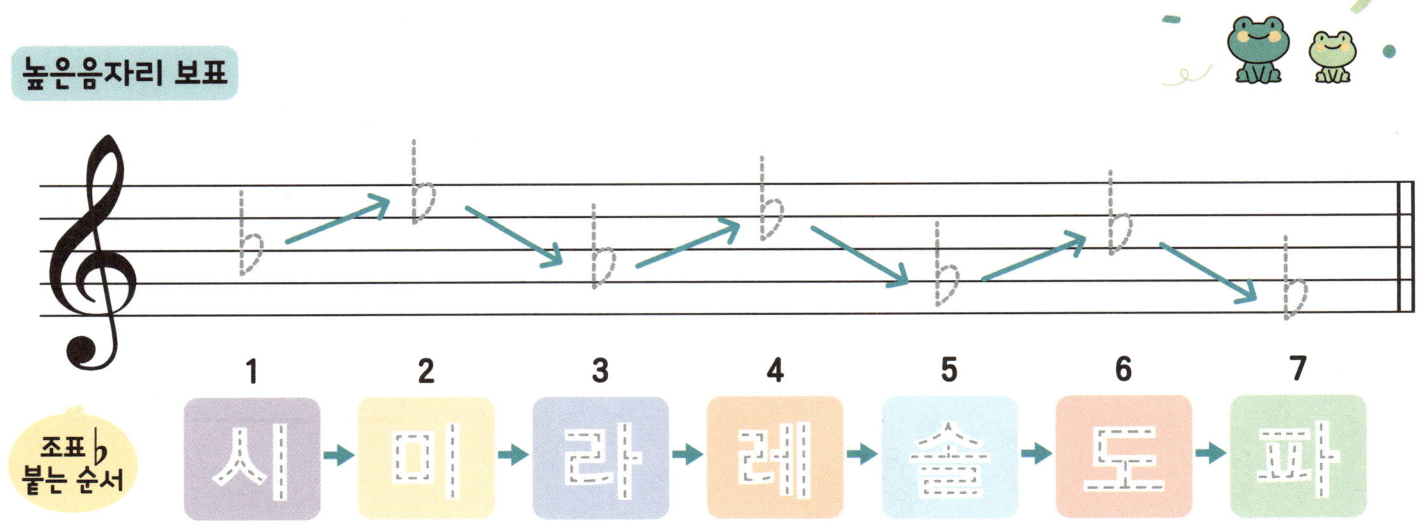

낮은음자리 보표

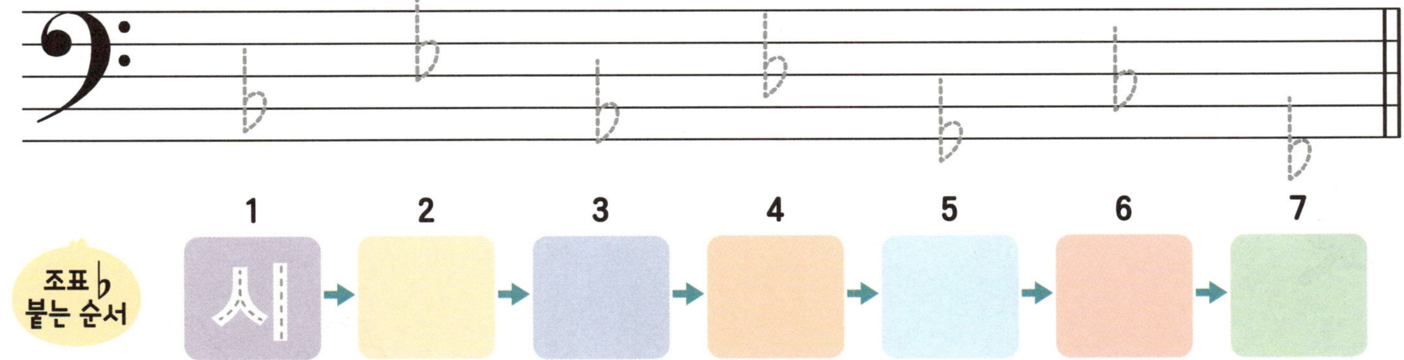

조표 ♭(플랫) 붙는 순서대로 번호를 써 보세요.

조표 붙는 순서 종합

🔔 빈칸에 알맞은 조표 ♯(샤프)를 그리고, 써 보세요.

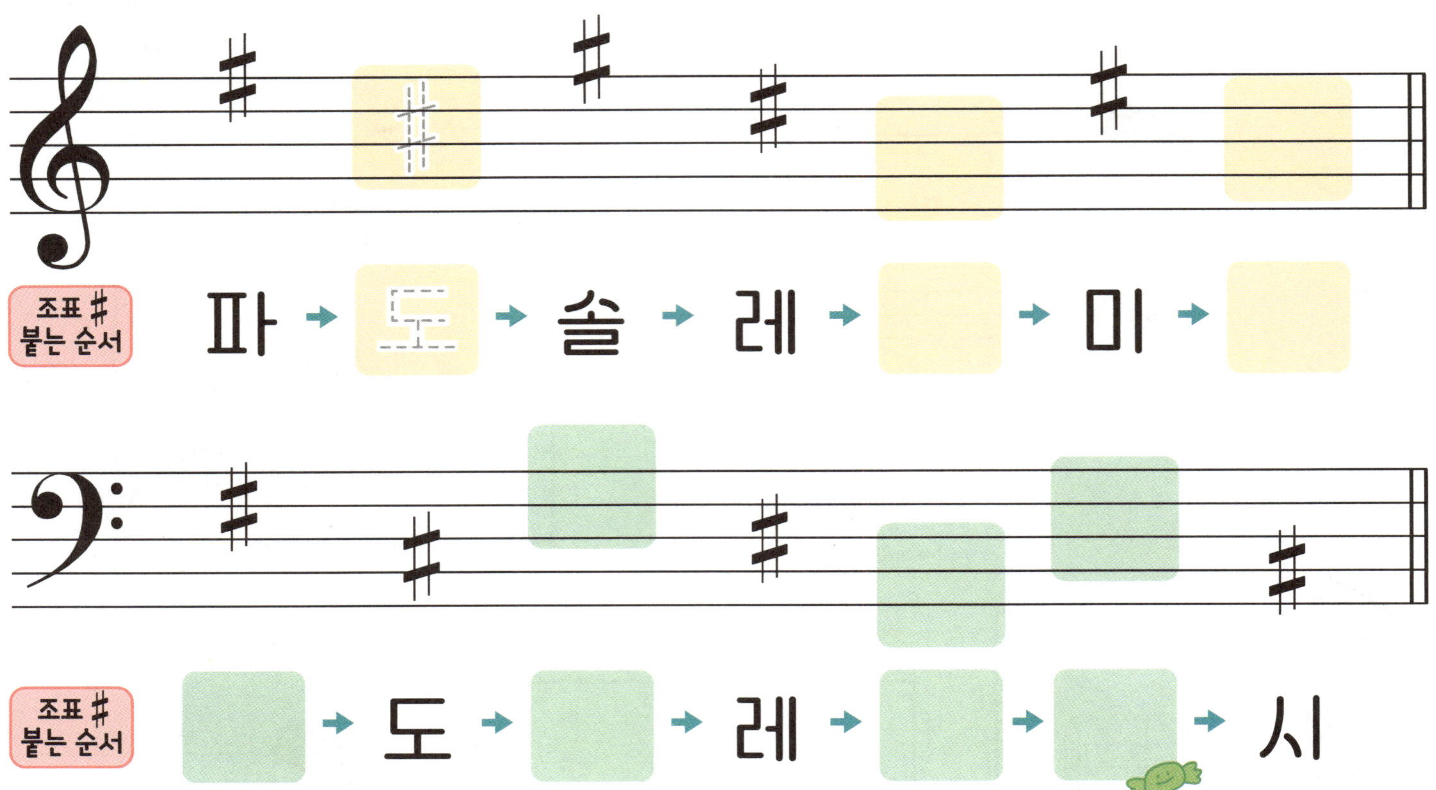

🔔 빈칸에 알맞은 조표 ♭(플랫)을 그리고, 써 보세요.

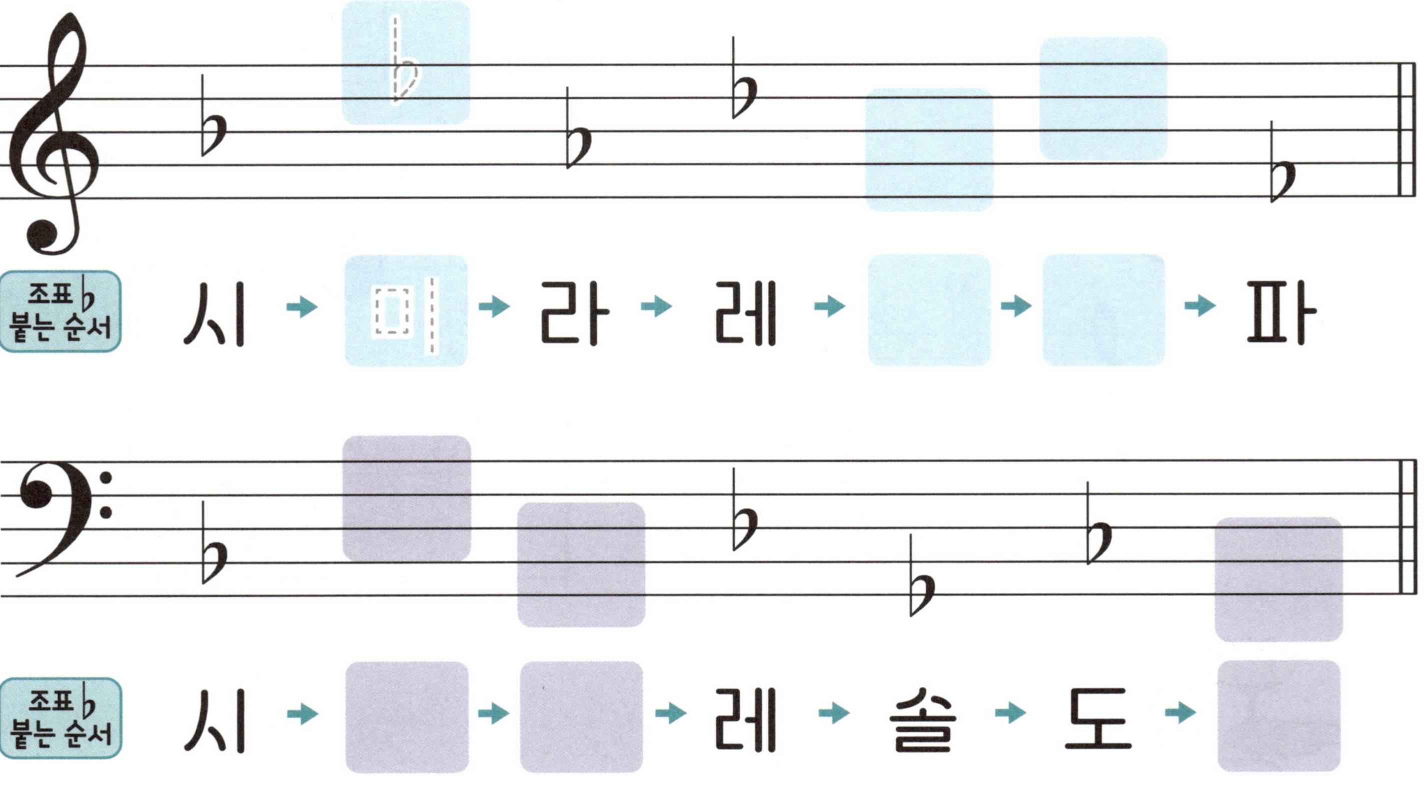

🔔 높은음자리 보표에 ♯(샤프)를 주어진 개수만큼 그려 보세요.

🔔 낮은음자리 보표에 ♭(플랫)을 주어진 개수만큼 그려 보세요.

1. 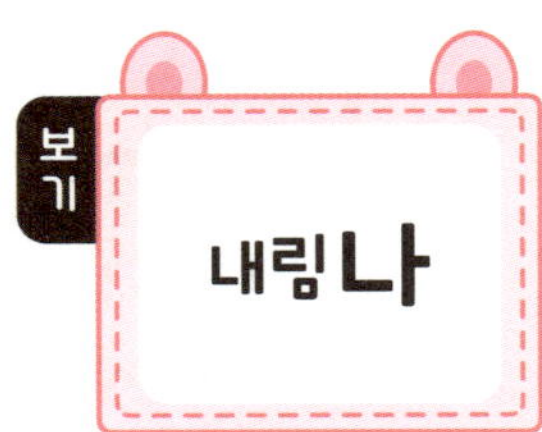 보기 **우리나라 음이름**에 알맞은 음은 무엇일까요? (　　)

❶ 도♭　❷ 시♭

❸ 미♭　❹ 라♭

2. **다장조 딸림 7화음**은 무엇일까요? (　　)

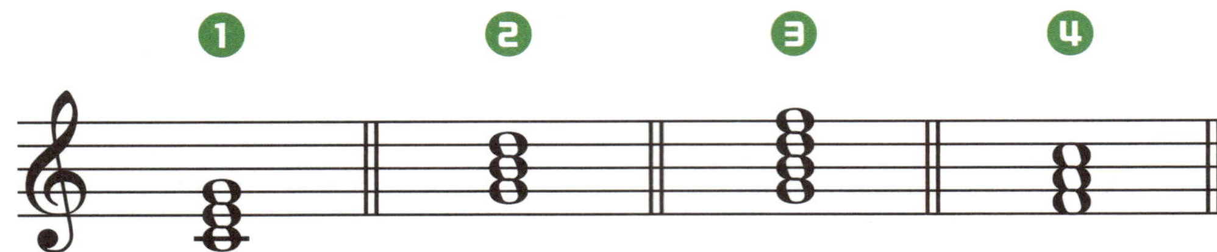

3. 다음 기호의 **뜻**은 무엇일까요? (　　)

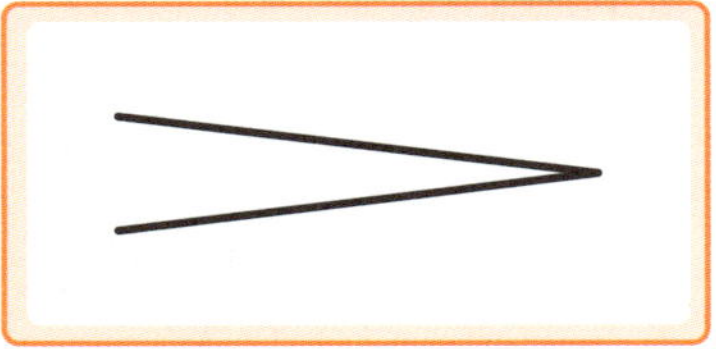

❶ 점점 여리게　　❷ 점점 세게

❸ 점점 느리게　　❹ 점점 빠르게

4. 다음 악보는 **다장조**의 **어떤 화음**일까요? (　　)

❶ 으뜸화음

❷ 딸림 7화음

❸ 딸림화음

❹ 버금딸림화음

5  ★ 표시된 건반의 음은 무엇일까요? (   )

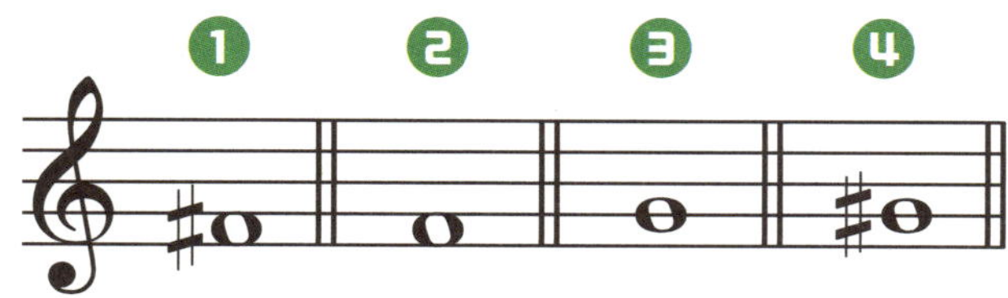

6 다장조 으뜸음은 무엇일까요? (   )

7 다장조 화음 기호가 틀린 것은 무엇일까요? (   )

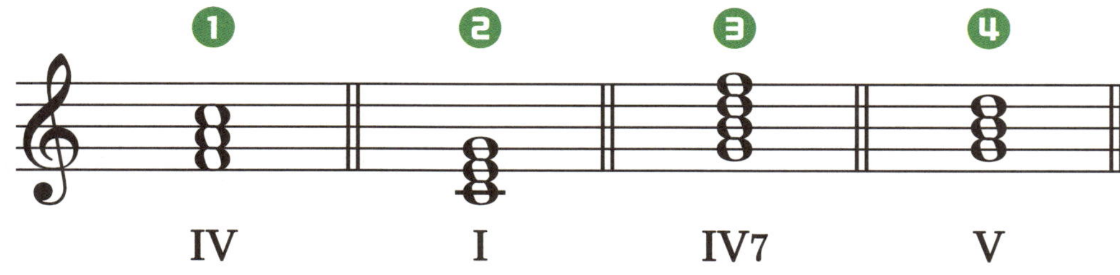

8 빈칸에 알맞은 단어는 무엇일까요? (   )

음자리표 옆에 ♯(올림표) 또는 ♭(내림표)를 붙여서 조를 정해주는 표를 [   ][   ] 라고 합니다.

1 음표   **2** 쉼표

3 도돌이표   **4** 조표

⭐ **1** 'Ⅳ'는 **어떤 화음**의 **기호**일까요? (　　)

    ❶ 버금딸림화음　　❷ 딸림화음　　❸ 으뜸화음　　❹ 딸림 7화음

⭐ **2** **다장조 딸림화음**은 무엇일까요? (　　)

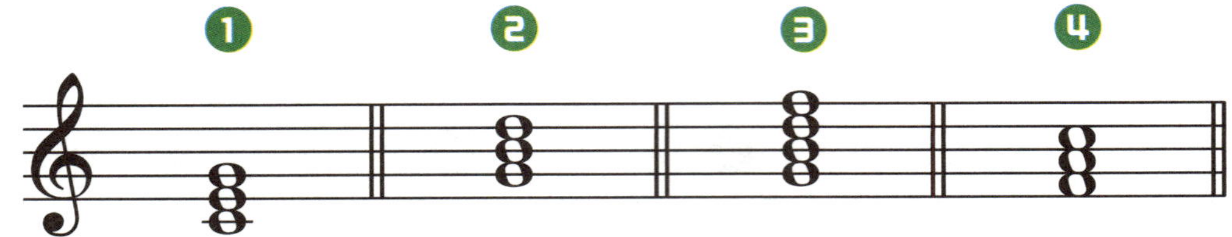

⭐ **3** 빈칸에 알맞은 **단어**는 무엇일까요? (　　)

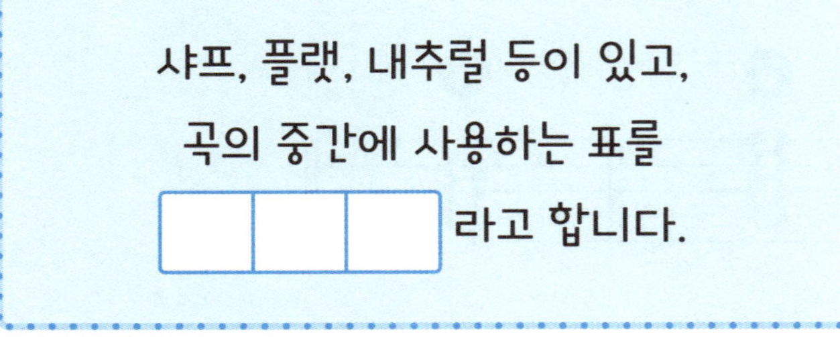

    ❶ 셈여림표　　❷ 조표

    ❸ 임시표　　❹ 도돌이표

⭐ **4** **조표 ♭(플랫)** 붙는 **순서**로 알맞은 것은 무엇일까요? (　　)

    ❶ 도 – 레 – 미 – 파 – 솔 – 라 – 시

    ❷ 시 – 라 – 솔 – 파 – 미 – 레 – 도

    ❸ 파 – 도 – 솔 – 레 – 라 – 미 – 시

    ❹ 시 – 미 – 라 – 레 – 솔 – 도 – 파

5 **이름**이 <u>틀린</u> 것은 무엇일까요? (　　　)

❶ ♩ – 스타카토　　　❷ ♩ – 레가토

❸ ♩ – 페르마타　　　❹ ♩ – 악센트

6 ● 는 무엇일까요? (　　　)

❶ 임시표　　　❷ 조표

❸ 셈여림표　　　❹ 도돌이표

7 **임시표** '♭'의 **뜻**은 무엇일까요? (　　　)

❶ 반음 올림　　　❷ 특히 세게 연주

❸ ♯ 또는 ♭ 음을 제자리로　　　❹ 반음 내림

8 빈칸에 알맞은 **단어**로 짝 지어진 것은 무엇일까요? (　　　)

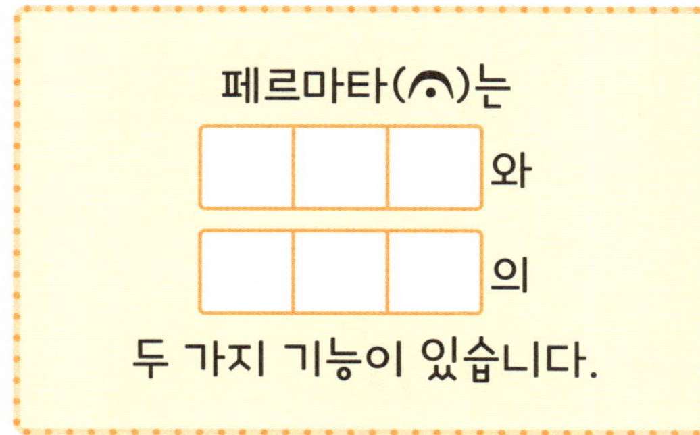

❶ 늘임표, 붙임줄　　　❷ 늘임표, 줄임표

❸ 늘임표, 마침표　　　❹ 늘임표, 이음줄

1 다장조 딸림 7화음의 계이름은 무엇일까요? (　　　)

   1 도미솔   **2** 파라도

   3 솔시레파   **4** 솔시레

2 다장조 으뜸음은 무엇일까요? (　　　)

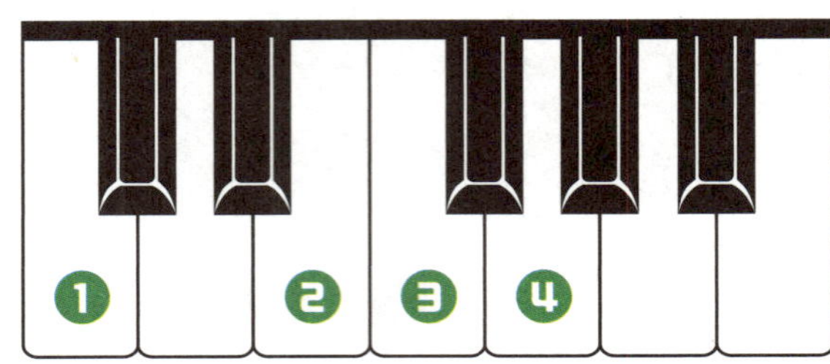

3 다음 음의 우리나라 음이름은 무엇일까요? (　　　)

   1 내림라   **2** 올림라

   3 올림다   **4** 내림바

4 다음 음과 같은 음은 무엇일까요? (　　　)

1    **2** 

3    **4** 

5 데크레센도는 무엇일까요? (   )

❶   ❷   ❸ *ff*   ❹ *cresc.*

6 는 무엇일까요? (   )

❶ 셈여림표   ❷ 임시표

❸ 조표   ❹ 도돌이표

7 1도 음정은 무엇일까요? (   )

8 6/8 박자의 리듬은 무엇일까요? (   )

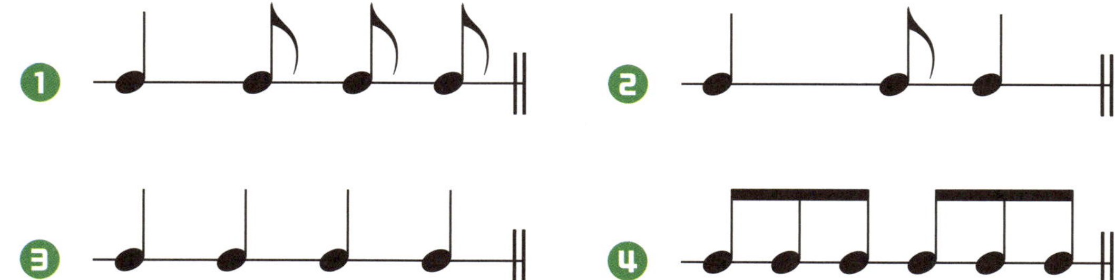

1 다음은 **다장조**의 **어떤 화음**일까요? (　　　)

- ❶ 딸림 7화음
- ❷ 버금딸림화음
- ❸ 딸림화음
- ❹ 으뜸화음

2 다음 중 **임시표**가 <u>아닌</u> 것은 무엇일까요? (　　　)

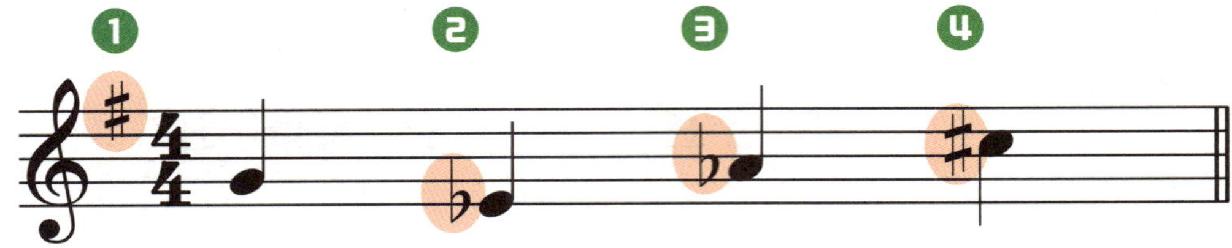

3 다음은 어떤 **조표가 붙는 순서**일까요? (　　　)

> 시 – 미 – 라 – 레 – 솔 – 도 – 파

- ❶ 샤프 ♯
- ❷ 플랫 ♭
- ❸ 내추럴 ♮
- ❹ 페르마타 ⌢

4 **딸림 7화음**의 **화음 기호**는 무엇일까요? (　　　)

- ❶ Ⅳ
- ❷ Ⅴ
- ❸ Ⅴ7
- ❹ Ⅰ

5 다음 중 내추럴은 무엇일까요? (　　　)

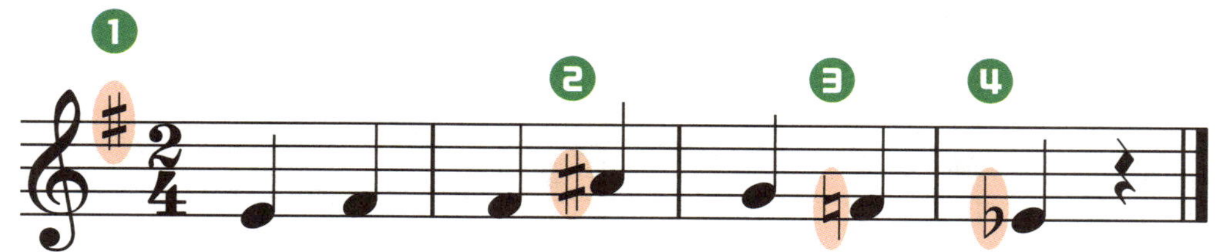

6 다음 기호의 뜻은 무엇일까요? (　　　)

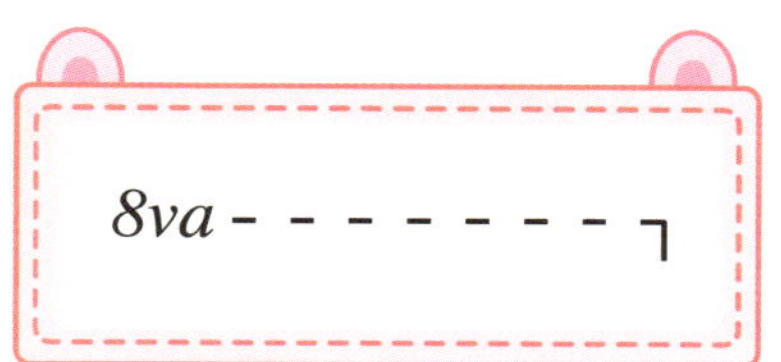

① 1 옥타브 아래 음을 연주
② 8분음표를 1박으로 연주
③ 8번 연주
④ 1 옥타브 위의 음을 연주

7 다음 중 크레셴도는 무엇일까요? (　　　)

① < ② > ③ *ff* ④ *decresc.*

8 조표 '♯' 2개를 순서대로 그린 것은 무엇일까요? (　　　)

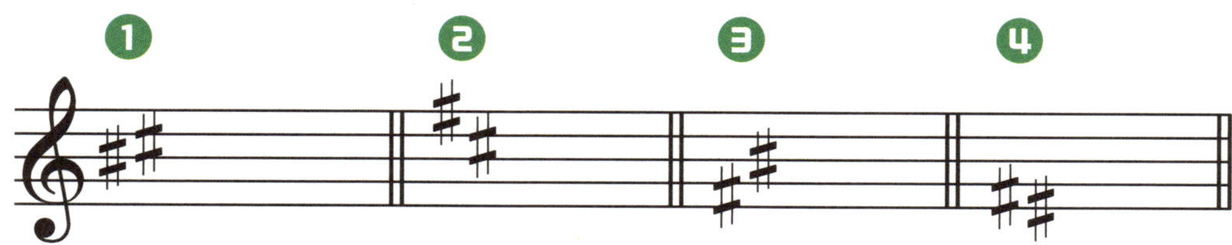

  악보를 보고, 문제를 풀어 보세요.

  의 **이름**은 무엇일까요? (   )

❶ 스타카토　　❷ 악센트　　❸ 테누토　　❹ 페르마타

❷ 위 악보와 같이 **여린내기**로 시작하는 것을 무엇이라고 할까요? (   )

❶ 갖춘마디　　❷ 당김음　　❸ 못갖춘마디　　❹ 다장조

❸  은 모두 **몇 박**을 연주할까요? (   )

❶ 3박　　❷ 2박　　❸ 1박　　❹ 4박

힌트 ♩ + ♩ = ♩.

❹  부분의 **우리나라 음이름**은 무엇일까요? (   )

❶ 다　　❷ 마　　❸ 나　　❹ 사

5 다음 중 **임시표**는 무엇일까요? (   )

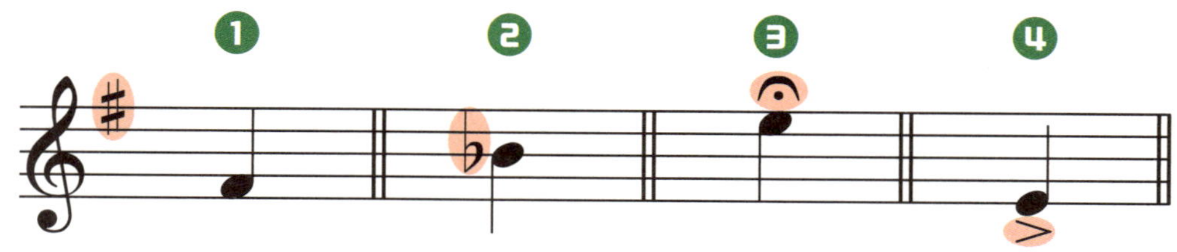

6 조표 '♭' 3개를 **순서대로** 그린 것은 무엇일까요? (   )

7 **5도 음정**은 무엇일까요? (   )

8 조표 ♯(샤프) 붙는 **순서**로 알맞은 것은 무엇일까요? (   )

❶ 파 – 도 – 솔 – 레 – 라 – 미 – 시

❷ 시 – 미 – 라 – 레 – 솔 – 도 – 파

❸ 도 – 레 – 미 – 파 – 솔 – 라 – 시

❹ 시 – 라 – 솔 – 파 – 미 – 레 – 도

1. 사람들이 가장 좋아하는 물은?

선 ▢

2. 깨인데 먹지 못하는 깨는?

▢ ▢ 깨

3. 다리가 있는데 걸을 수 없는 것은?

▢ 자

4. 가장 뜨거운 양은?

▢ 양

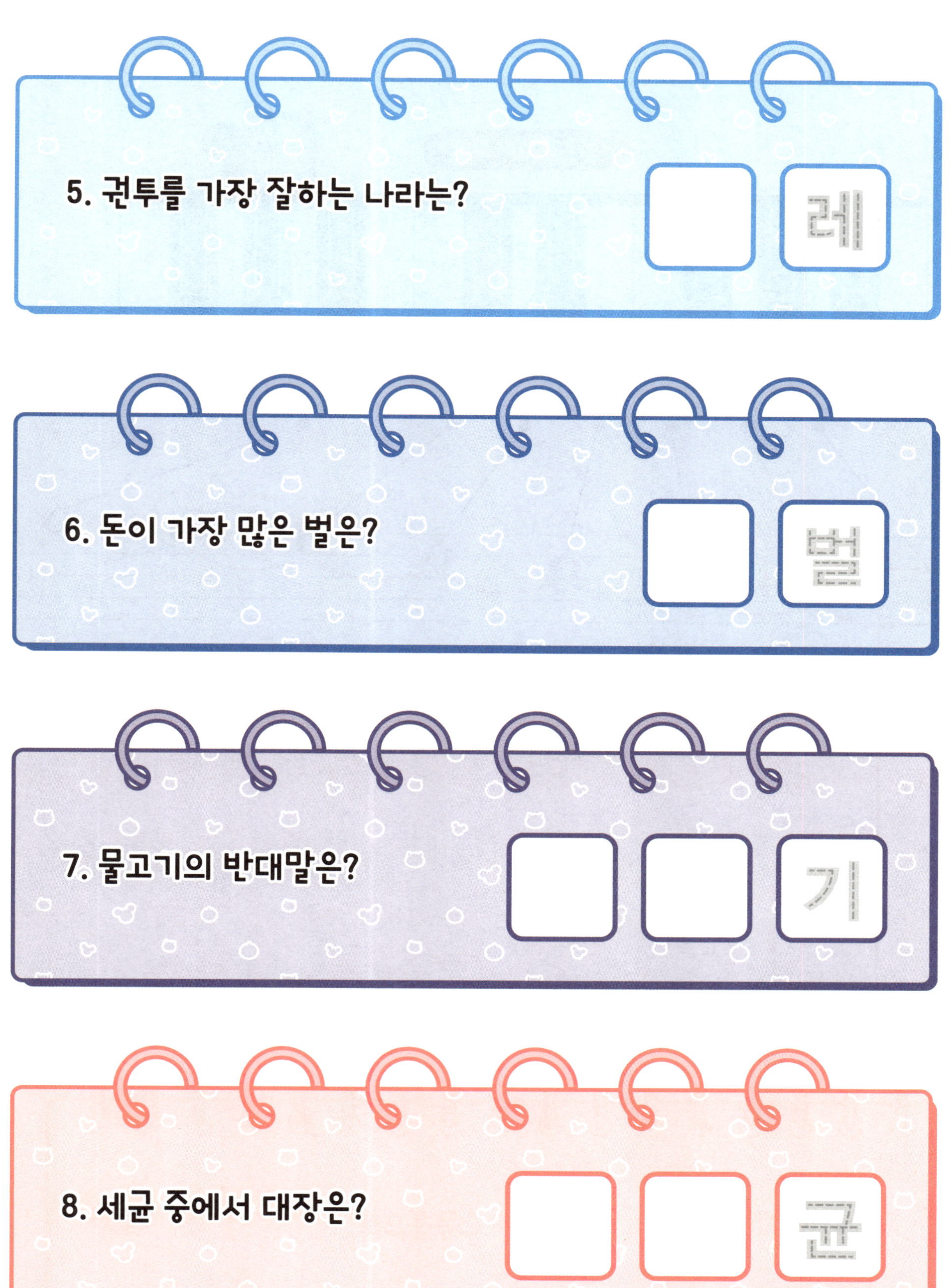

정답 1. 사랑 2. 호르몬 3. 이자 4. 태양 5. 칠레 6. 왕벌 7. 불고기 8. 대장균

사장조 음계

🔔 사장조 음계를 따라 써 보세요.

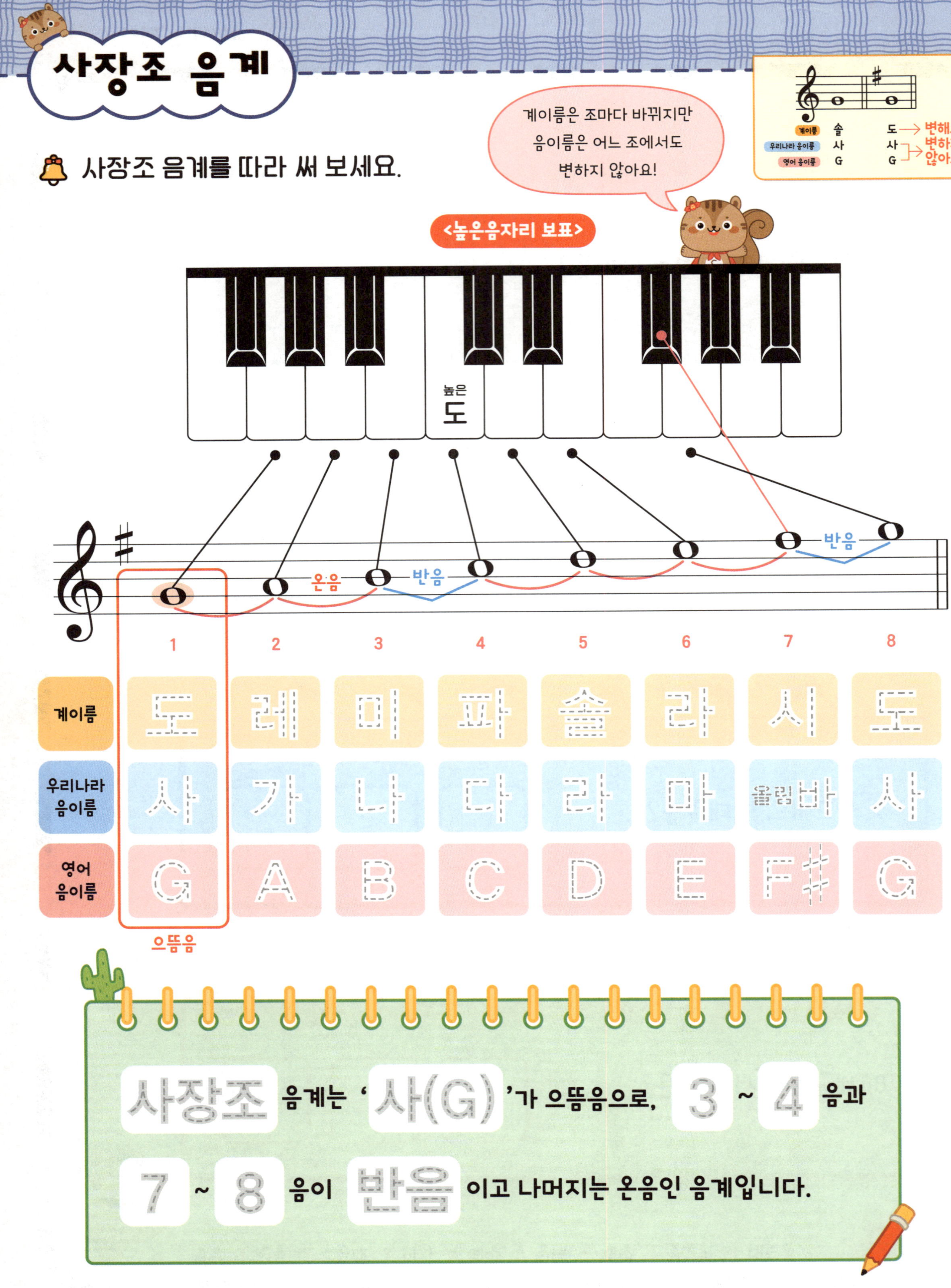

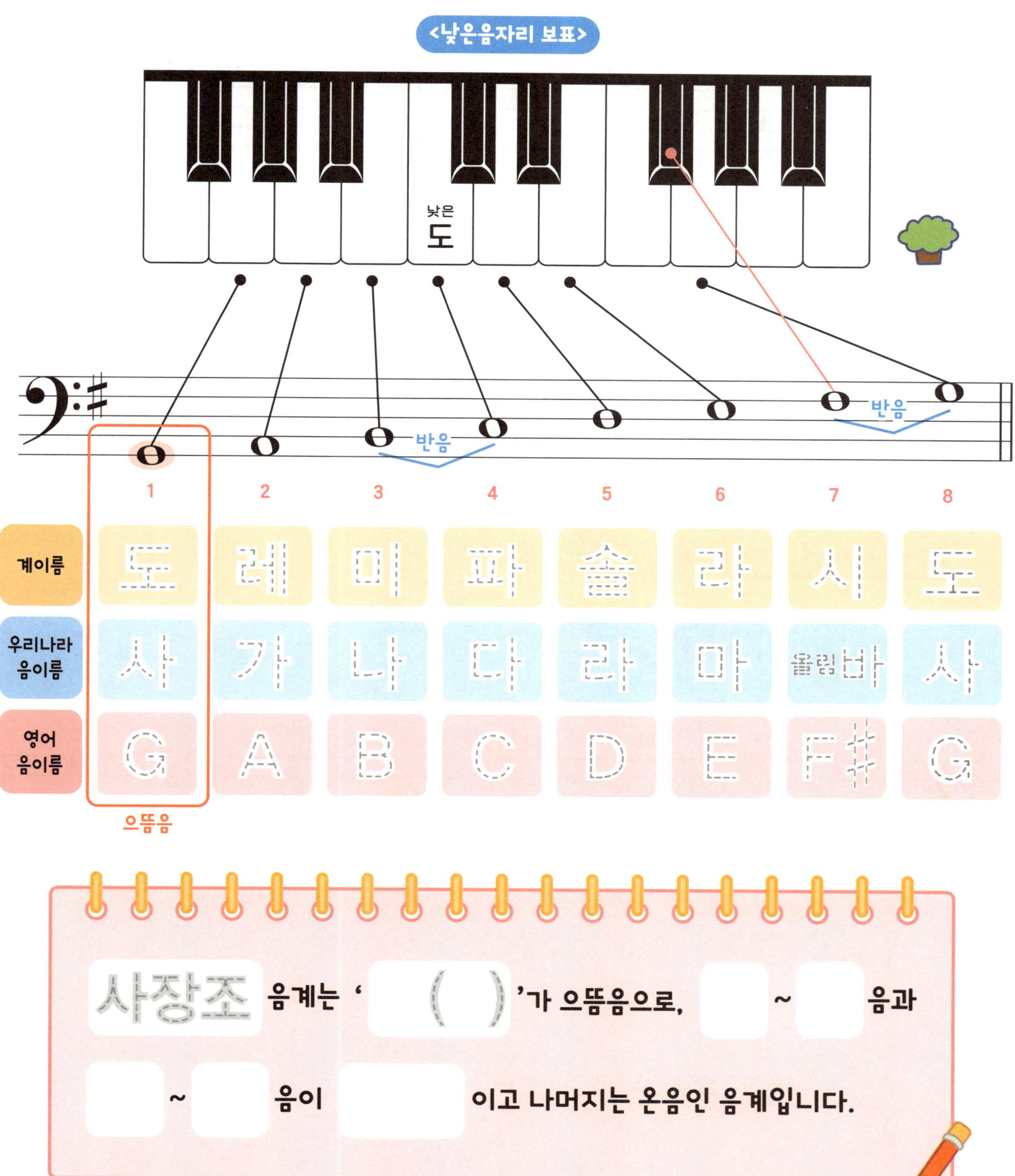
<낮은음자리 보표>
낮은
도
반음
반음
1
2
3
4
5
6
7
8
계이름
도 레 미 파 솔 라 시 도
우리나라 음이름
사 가 나 다 라 마 올림바 사
영어 음이름
G A B C D E F# G
으뜸음
사장조 음계는 ' ( ) '가 으뜸음으로,   ~   음과
   ~   음이   이고 나머지는 온음인 음계입니다.

사장조 음계의 계이름과 음이름을 써 보세요.

조표 ♯가
바(F)에 붙어서
올림바(F♯)가 돼요.

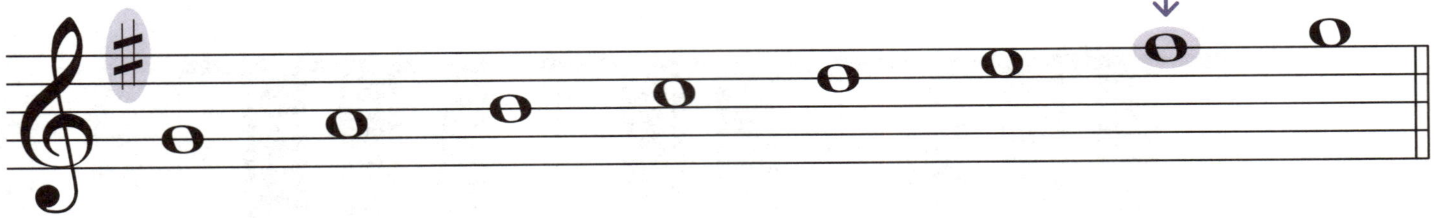

계이름	도							
우리나라 음이름	사						올림	
영어 음이름	G						♯	

계이름은 조마다 바뀌지만
음이름은 변하지 않아요.

다장조 사장조

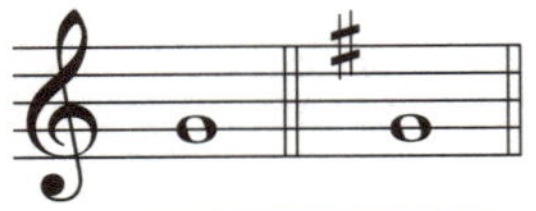

계이름	솔	도
우리나라 음이름	사	사
영어 음이름	G	G

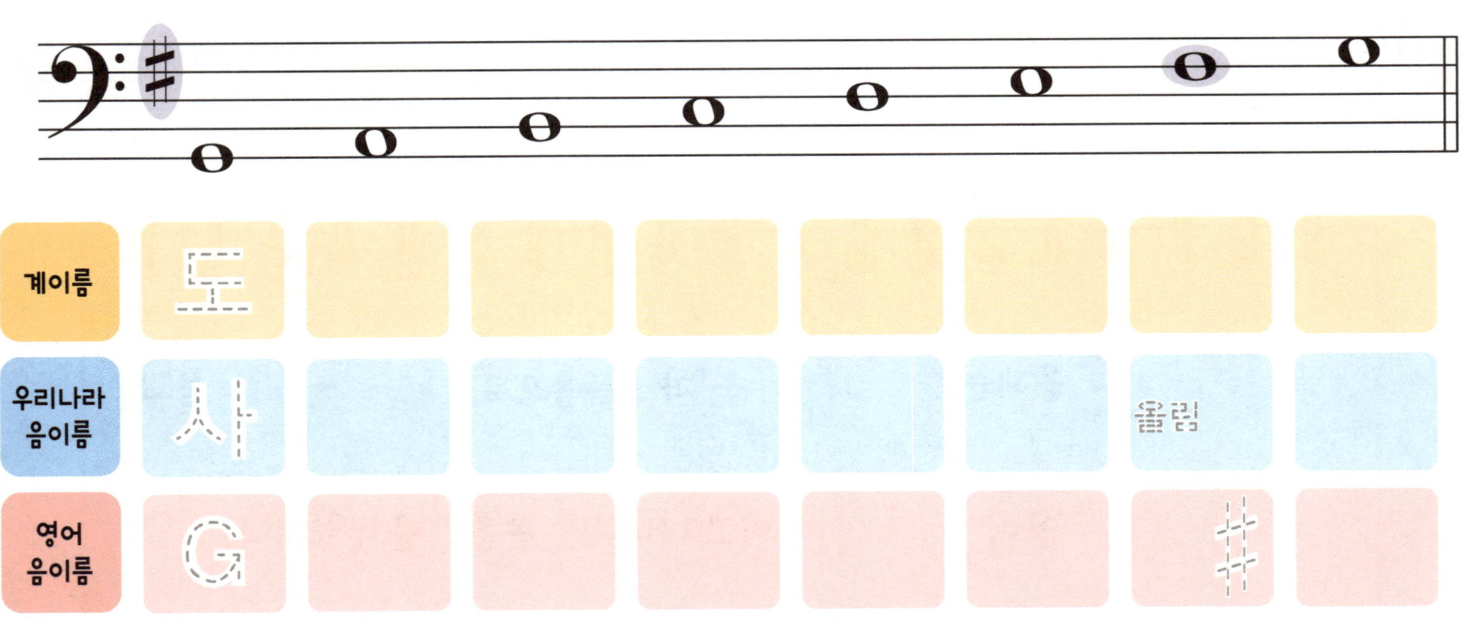

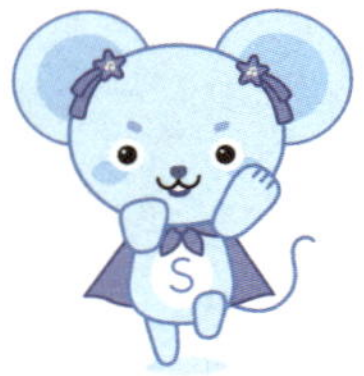

계이름	도							
우리나라 음이름	사						올림	
영어 음이름	G						♯	

🔔 사장조 음계를 따라 그리고, 반음에 ∨ 해 보세요.

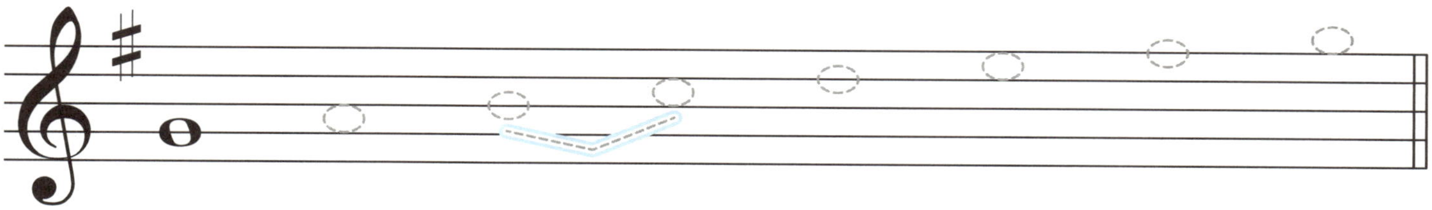

계이름 도 레 미 파 솔 라 시 도

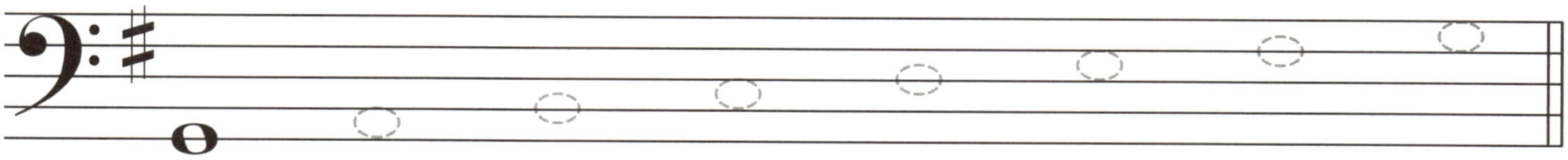

계이름 도 레 미 파 솔 라 시 도

🔔 빈칸에 사장조 음계의 영어 음이름을 쓰고, 반음에 ∨ 해 보세요.

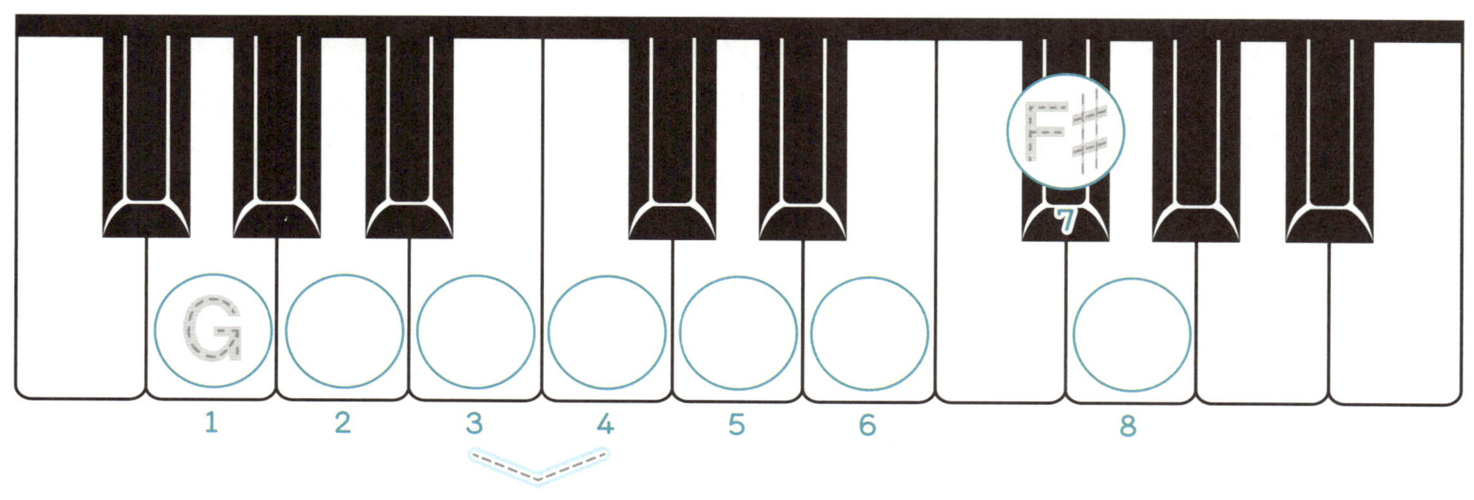

사장조 주요 3화음

사장조 음계에서 1, 4, 5번째 음인 '도, 파, 솔'에서
3도씩 위로 두 번 쌓은 화음을 **사장조 주요 3화음**이라고 해요.

사장조 주요 3화음을 따라 그려 보세요.

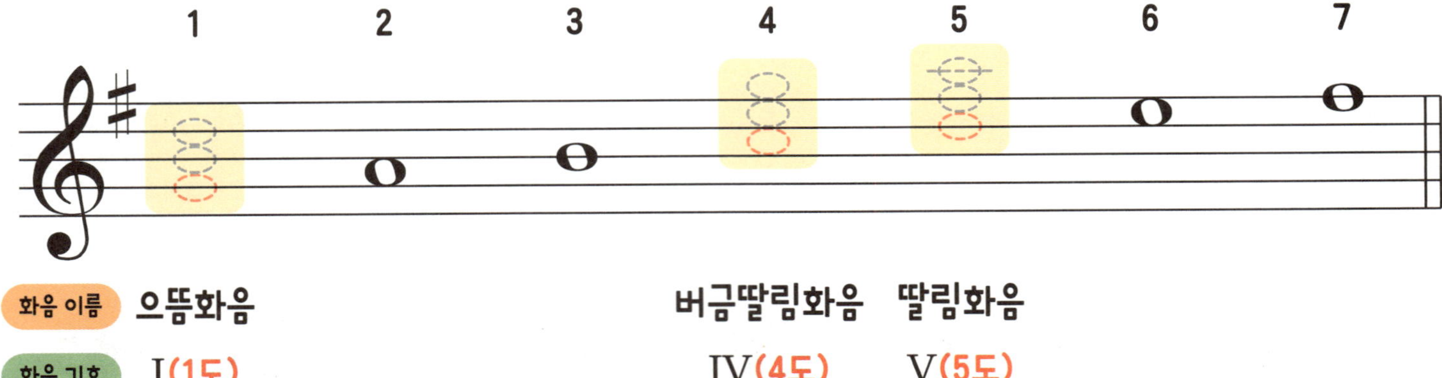

	1	4	5
화음 이름	으뜸화음	버금딸림화음	딸림화음
화음 기호	I(1도)	IV(4도)	V(5도)
코드 네임	G(지)	C(씨)	D(디)

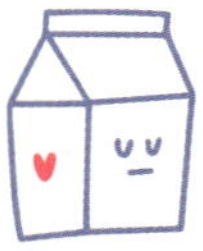

사장조 주요 3화음을 따라 그리고, 써 보세요.

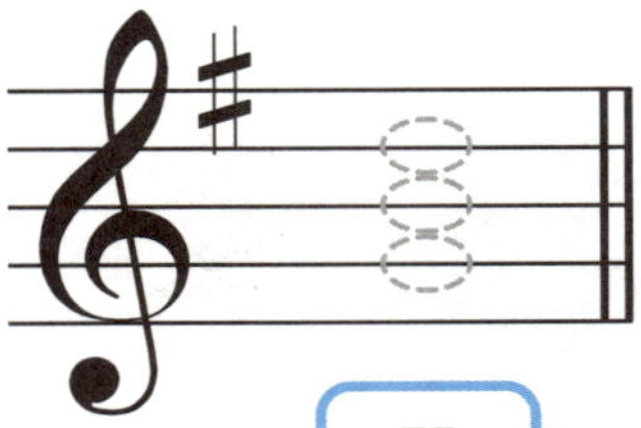

I →

IV →

V →

계이름	화음 이름	코드 네임
도미솔	으뜸화음	G
파라도	버금딸림화음	C
솔시레	딸림화음	D

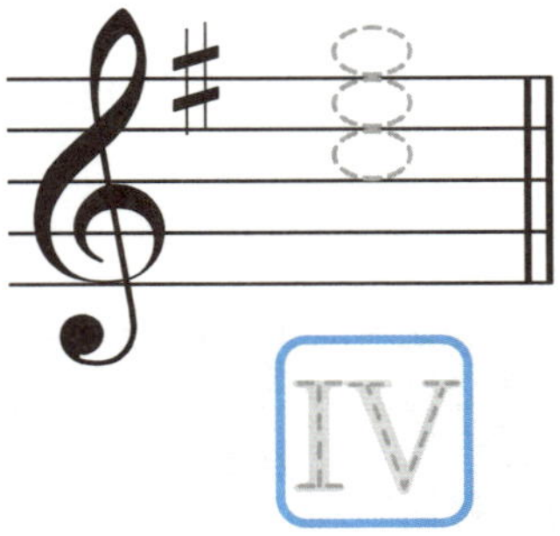

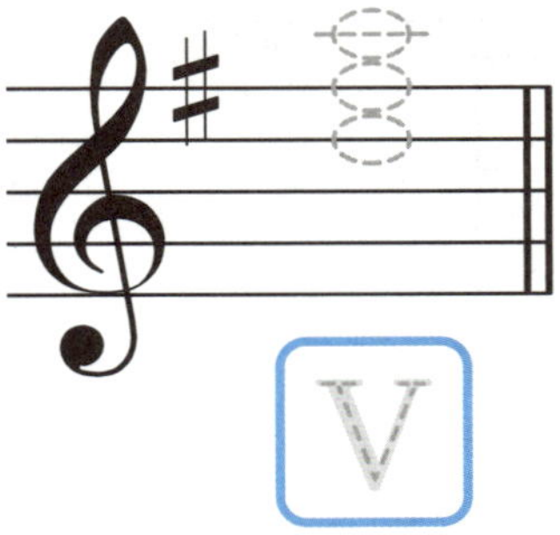

으뜸화음

코드 네임 G

버금딸림화음

코드 네임 C

딸림화음

코드 네임 D

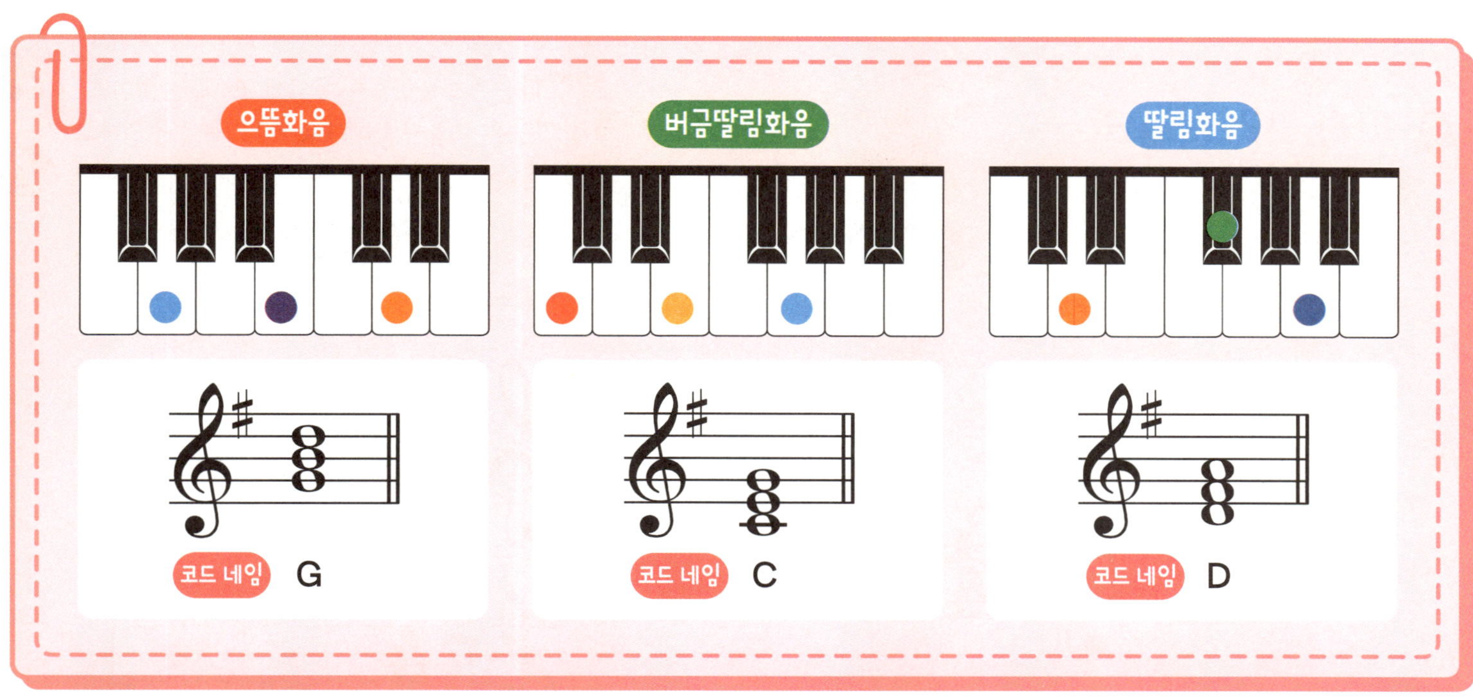

🔔 알맞은 것끼리 줄로 이어 보세요.

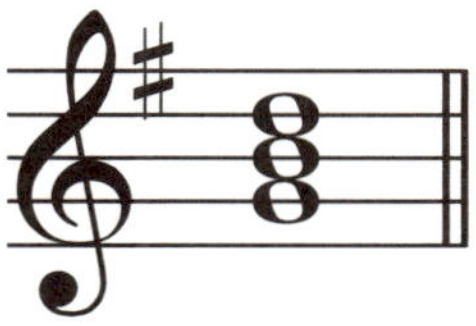

으뜸화음(I)

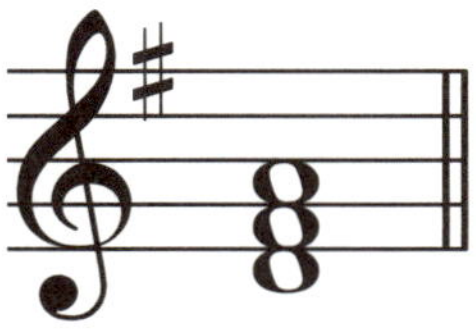

딸림화음(V)

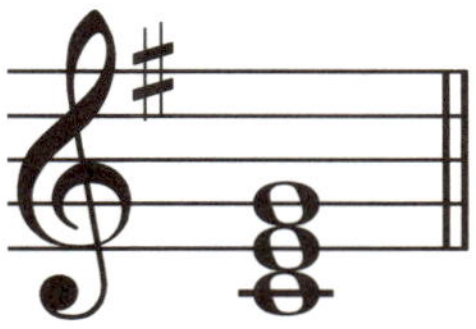

버금딸림화음(IV)

C

D

G

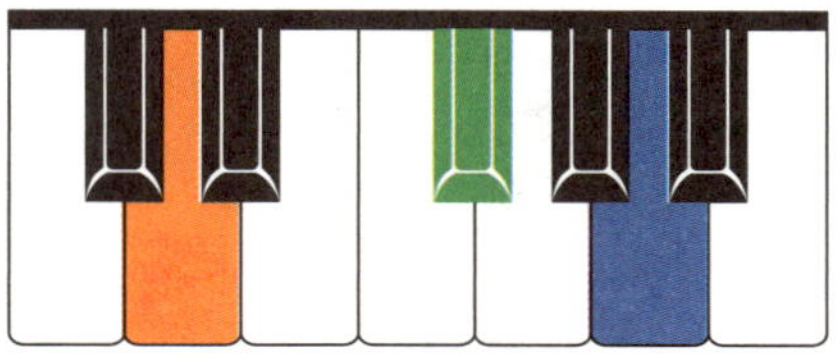

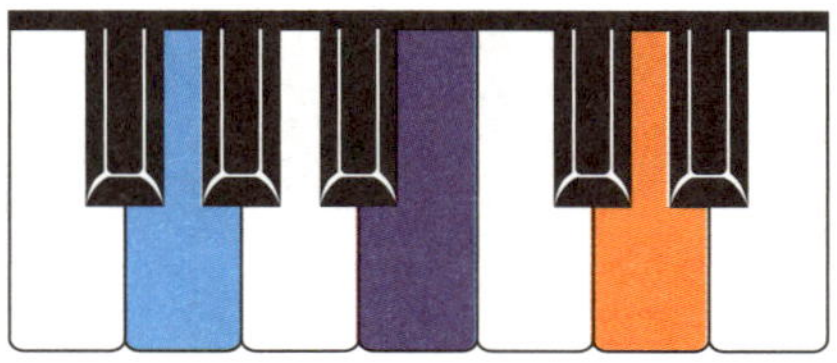

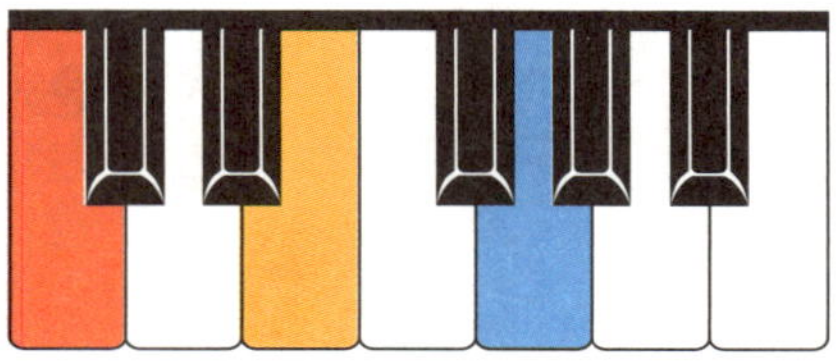

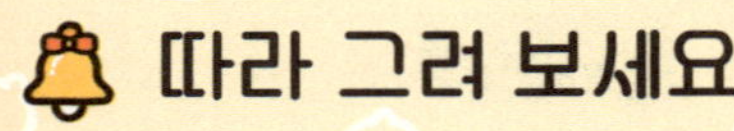

🔔 따라 그려 보세요.

밀집화음	펼침화음

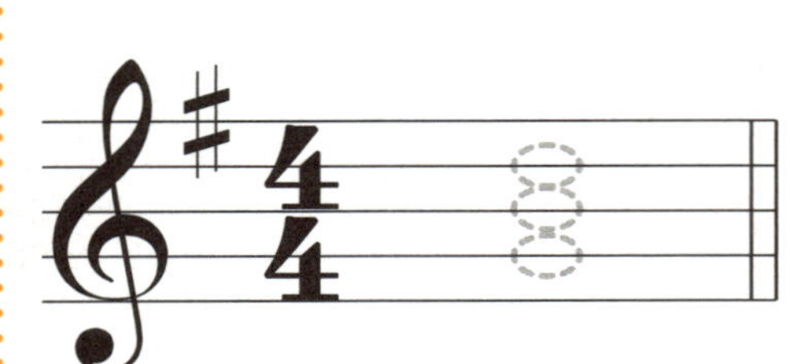

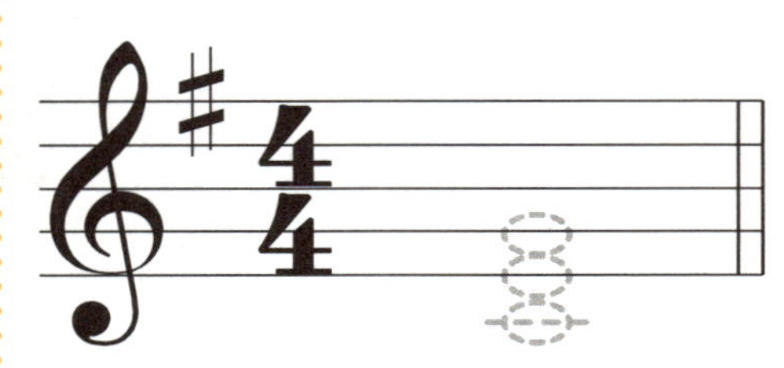

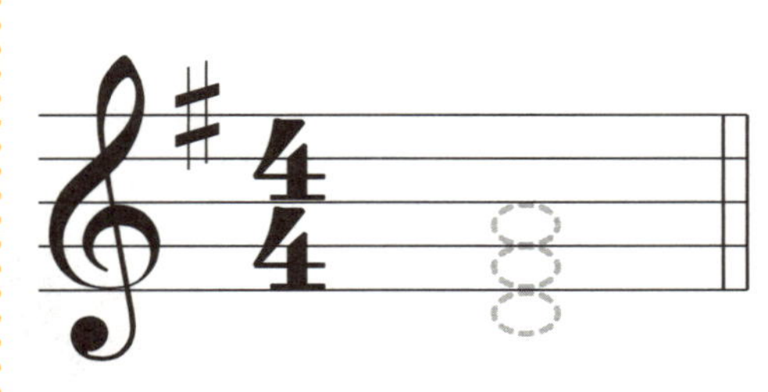

🔔 **밀집화음에는 모두 ⭕ 하고, 펼침화음은 모두 △ 해 보세요.**

사장조 주요 3화음의 자리바꿈

🔔 **따라 그리고, 써 보세요.**

화음 안에서 서로 위치를 바꾸는 것을 '자리바꿈'이라고 해요.

으뜸화음
(I)
G 코드

기본자리
첫째 자리바꿈
둘째 자리바꿈
3음
1음
5음
1음
5음
3음
5음
3음
1음
계이름
도 미 솔 미 솔 도 솔 도 미

버금딸림화음
(IV)
C 코드

3음
1음
5음
1음
5음
3음
5음
3음
1음
계이름
파 라 도 라 도 파 도 파 라

딸림화음
(V)
D 코드

3음
1음
5음
1음
5음
3음
5음
3음
1음

계이름
솔 시 레 시 레 솔 레 솔 시

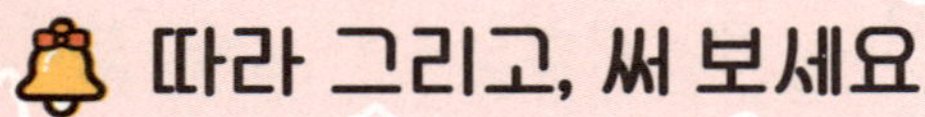

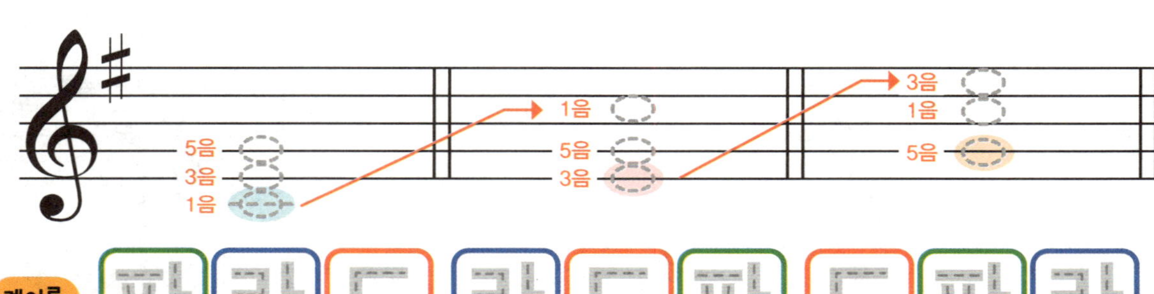

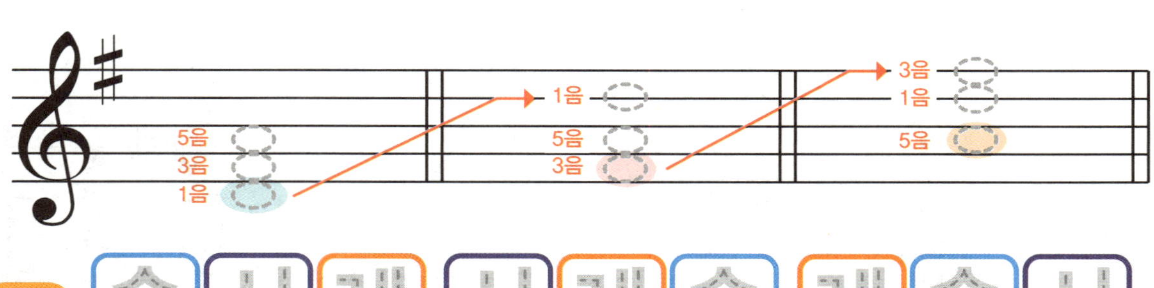

같은 화음끼리 줄로 이어 보세요.

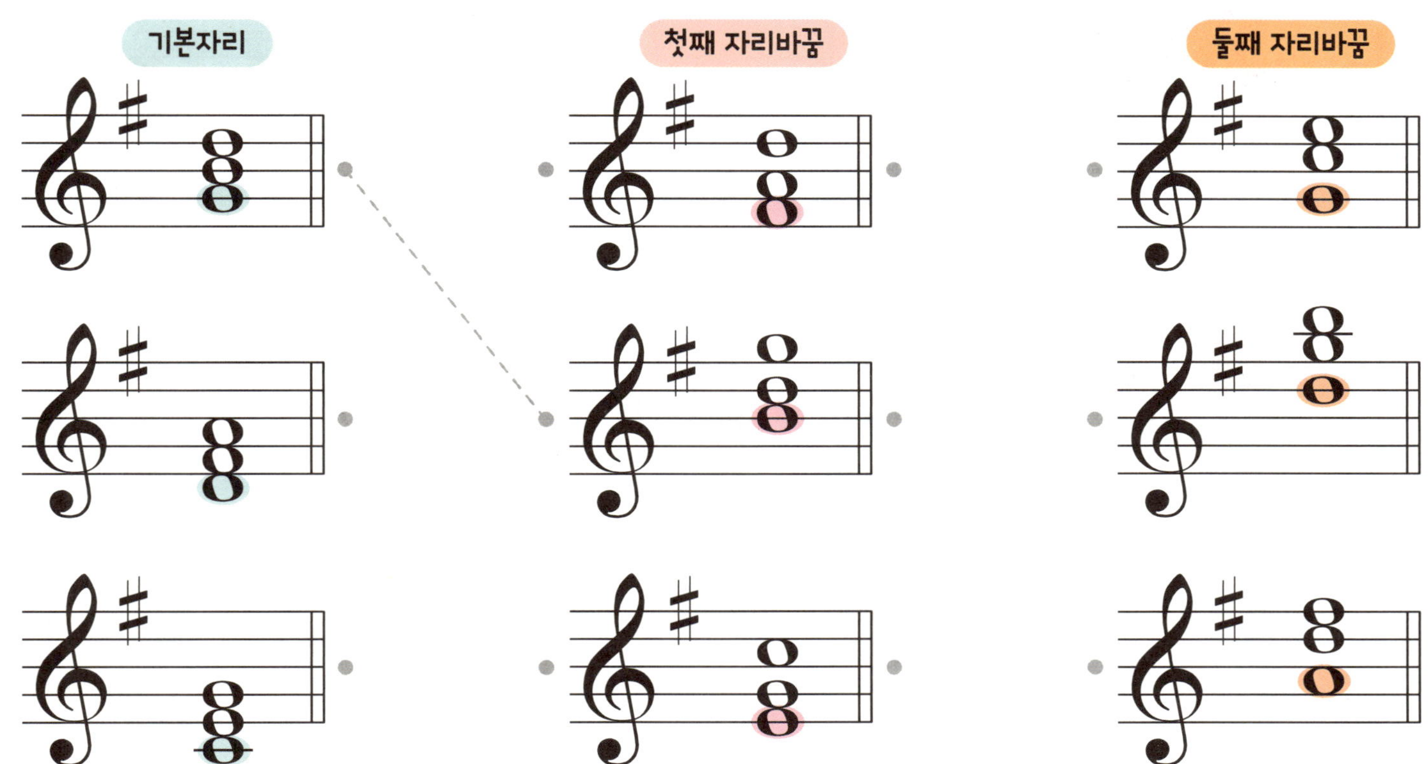

화음의 기본자리에는 기, 첫째 자리바꿈에는 1, 둘째 자리바꿈에는 2를 써 보세요.

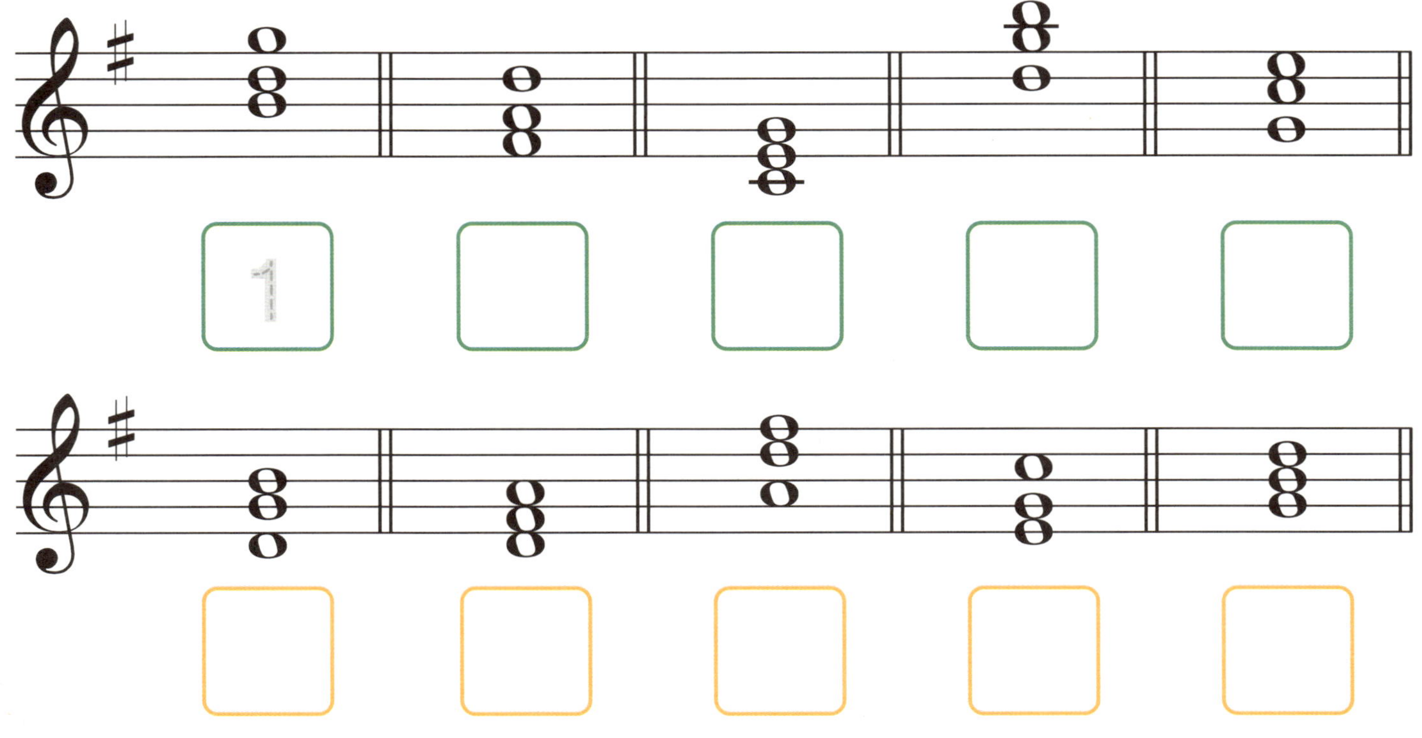

사장조 딸림 7화음

따라 그리고, 써 보세요.

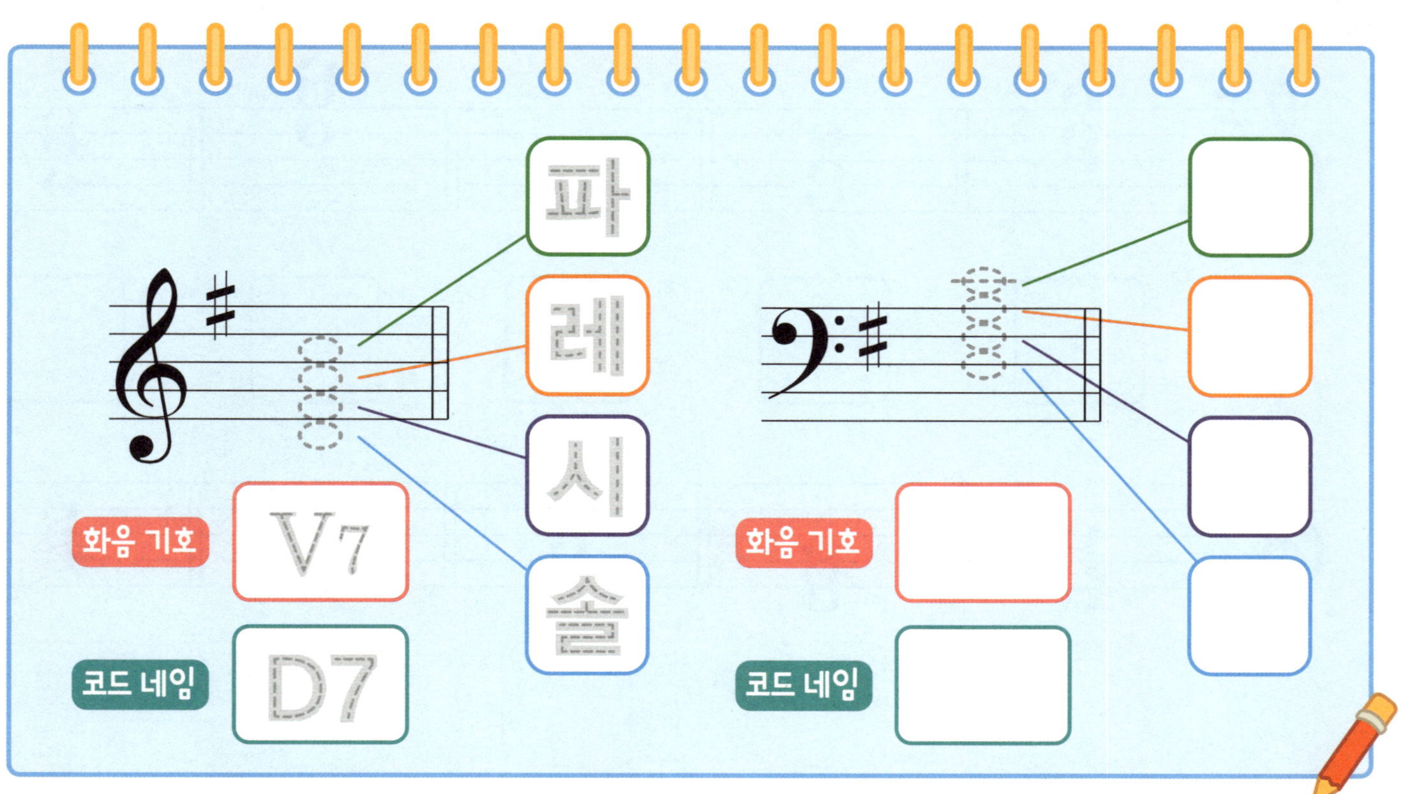

사장조 딸림화음과 딸림 7화음을 온음표로 그리고, 건반에 색칠해 보세요.

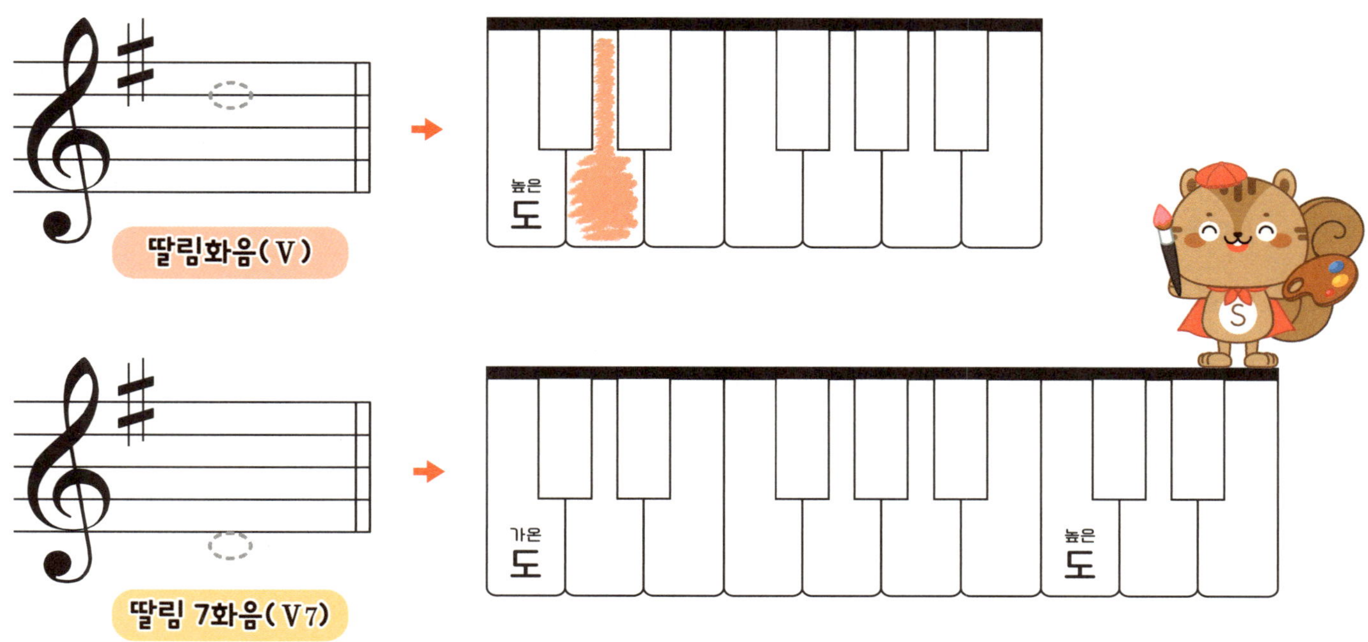

딸림화음(V)
높은 도
딸림 7화음(V7)
가온 도
높은 도

사장조 딸림 7화음을 온음표로 그리고, 화음 기호와 코드 네임을 써 보세요.

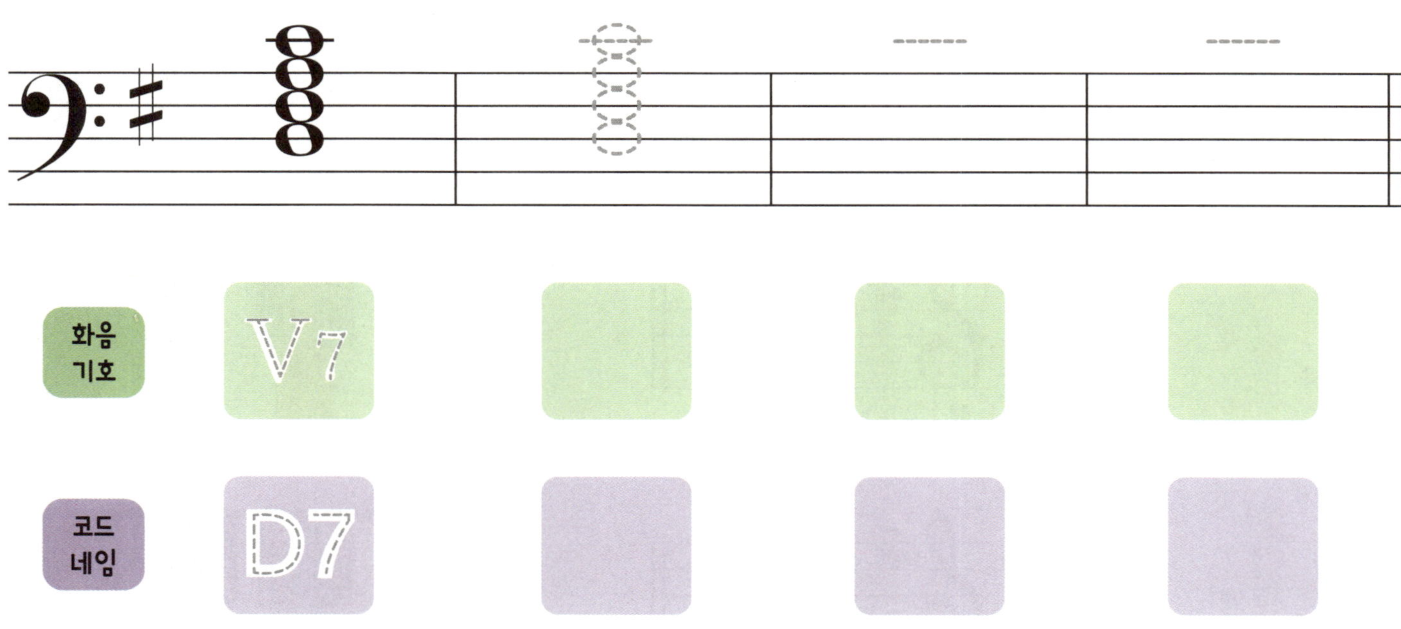

화음 기호
V7
코드 네임
D7

사장조 주요 3화음과 딸림 7화음

계이름	도미솔	파라도	솔시레	솔시레파
화음 이름	으뜸화음	버금딸림화음	딸림화음	딸림 7화음
화음 기호 (읽기)	I (1도)	IV (4도)	V (5도)	V7 (5도 7)
코드 네임	G(지)	C(씨)	D(디)	D7(디 세븐)

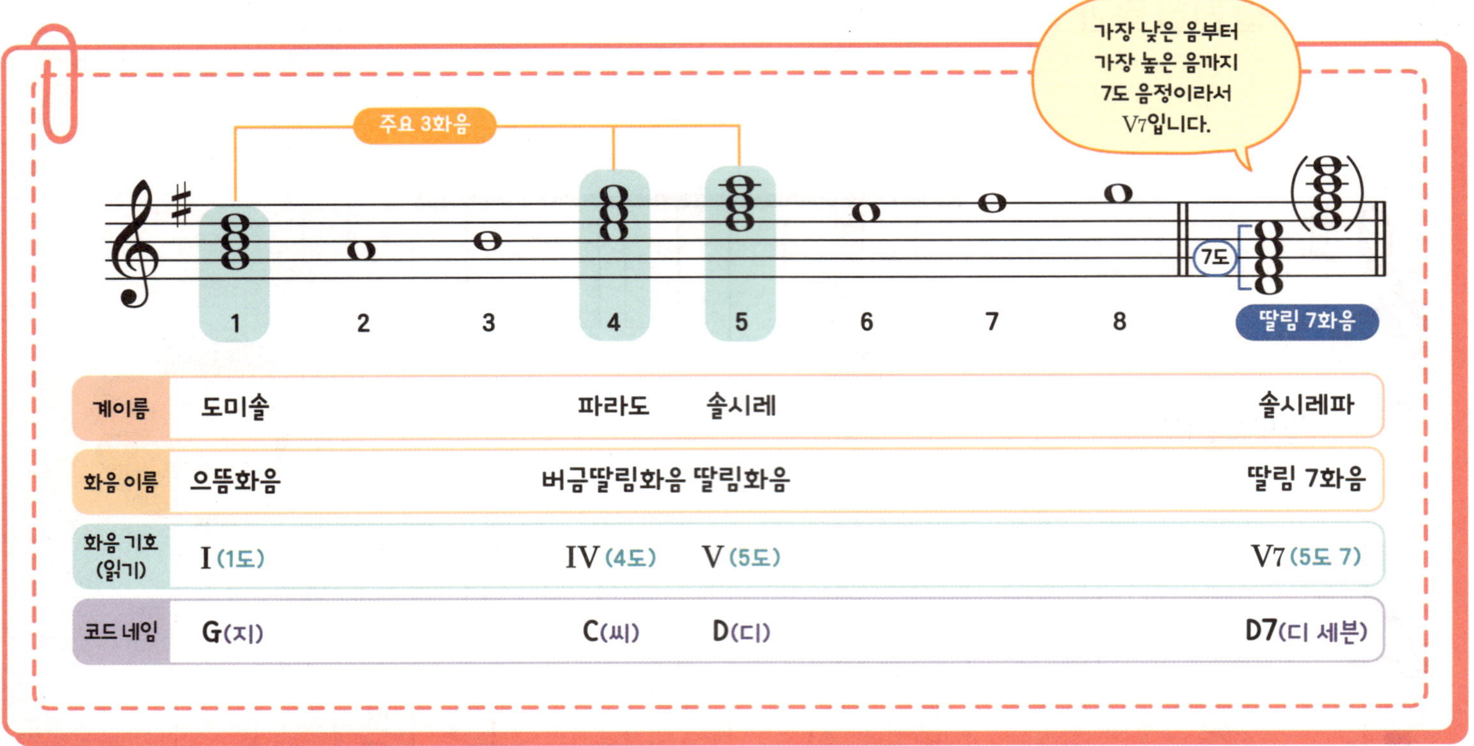

알맞은 것끼리 줄로 이어 보세요.

I
으뜸화음

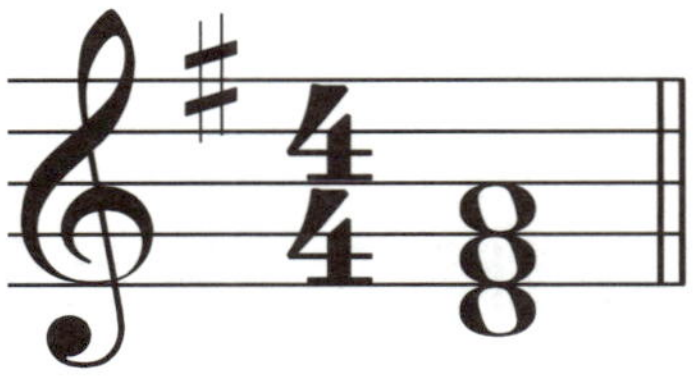

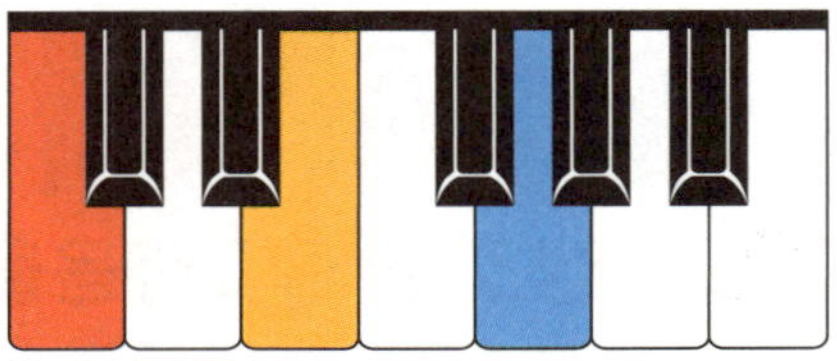

IV
버금딸림화음

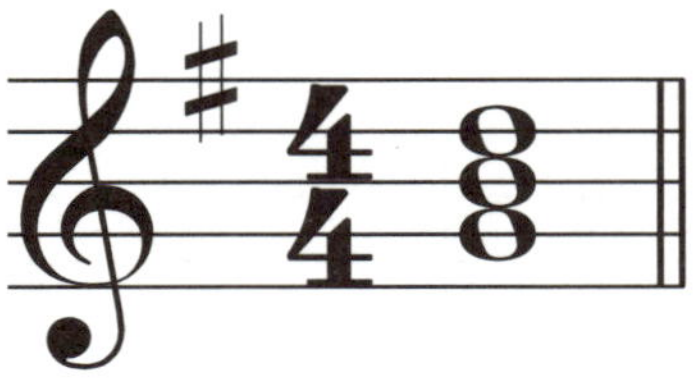

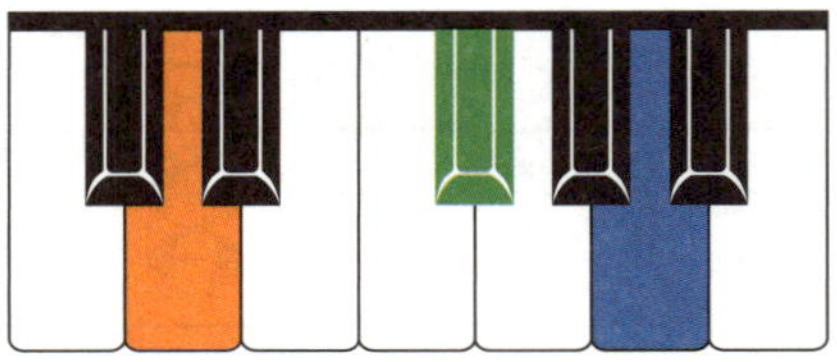

V
딸림화음

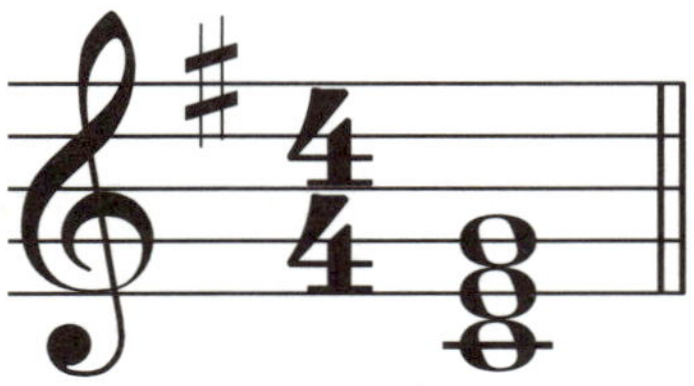

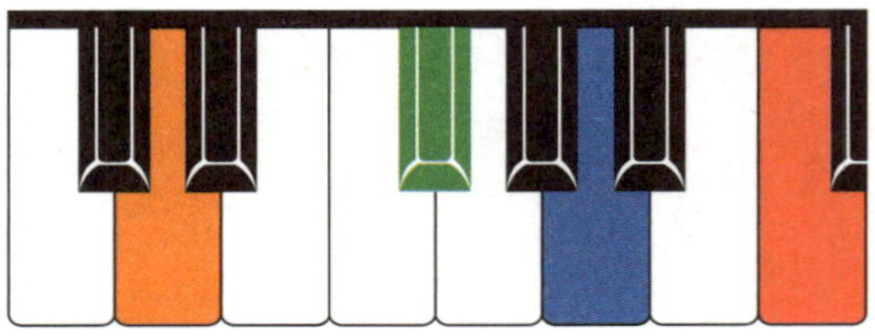

V7
딸림 7화음

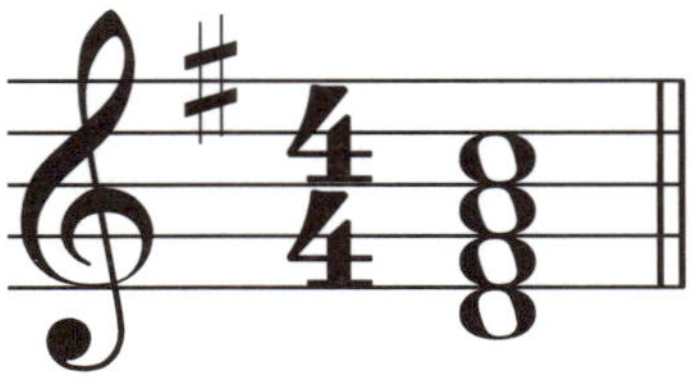

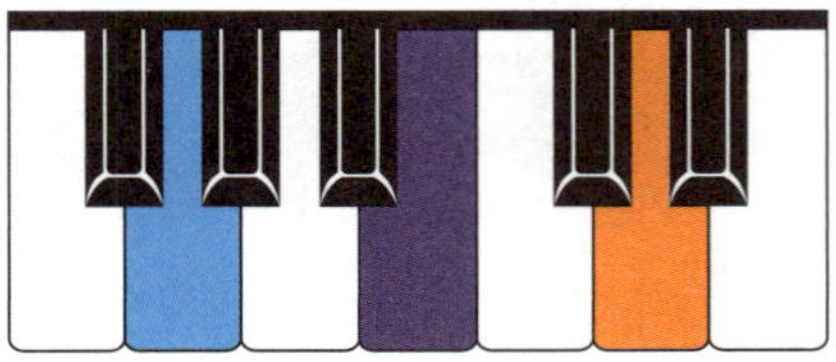

🔔 주어진 화음에 알맞은 것에 모두 O 해 보세요(각 2개).

버금딸림화음	(딸림화음)
D 코드	C 코드

파라도	솔시레
딸림화음	버금딸림화음

으뜸화음	딸림화음
G 코드	D 코드

딸림 7화음	으뜸화음
도미솔	솔시레파

사장조 종합

사장조의 계이름과 음이름을 쓰고, 반음에 ∨ 해 보세요.

알맞은 화음 기호에 O 해 보세요.

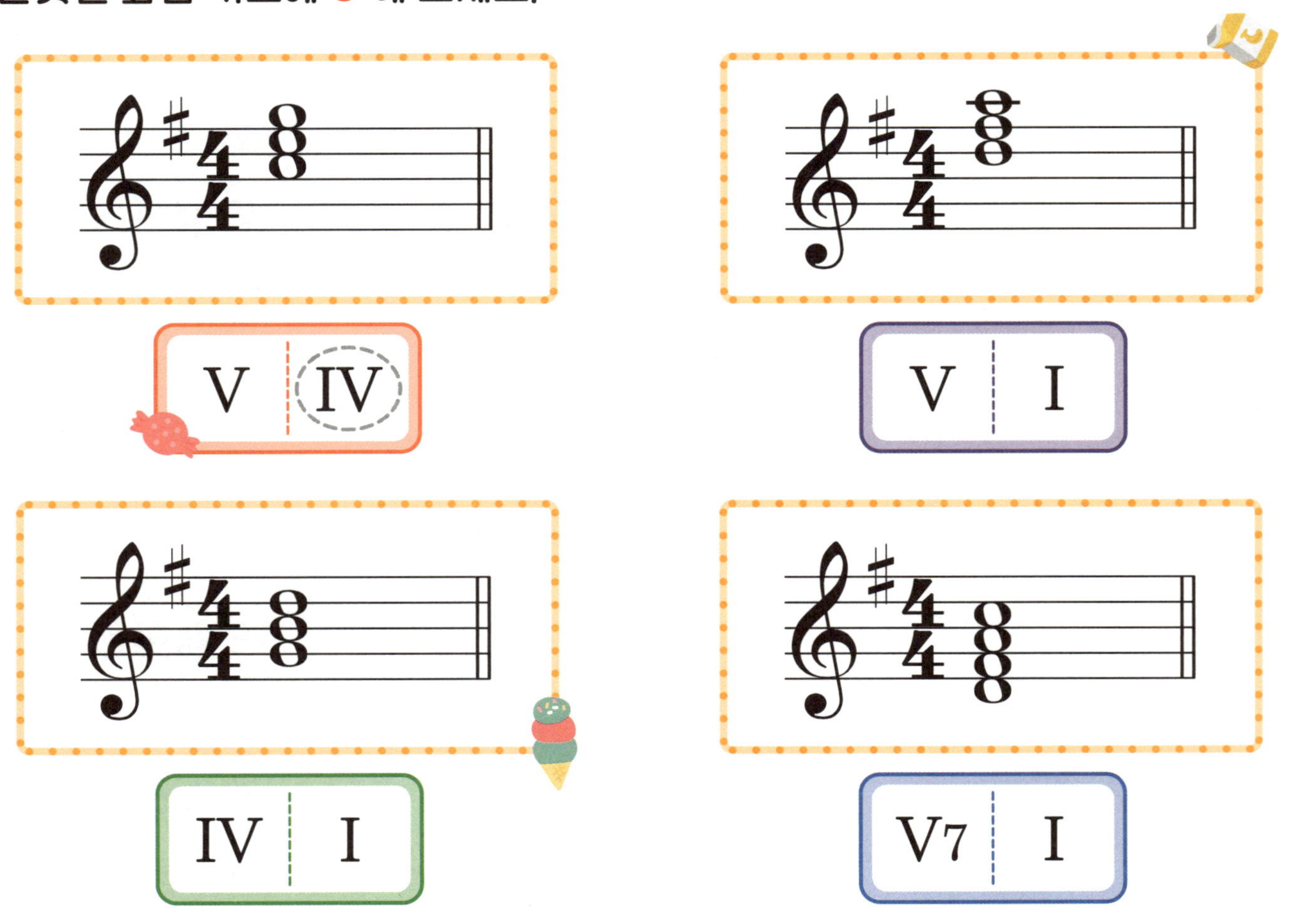

알맞은 것끼리 줄로 이어 보세요.

딸림화음(V)
으뜸화음(I)
버금딸림화음(IV)

사장조 주요 3화음을 모두 찾아 O 해 보세요(3개).

박자표와 셈여림($\frac{3}{8}$)

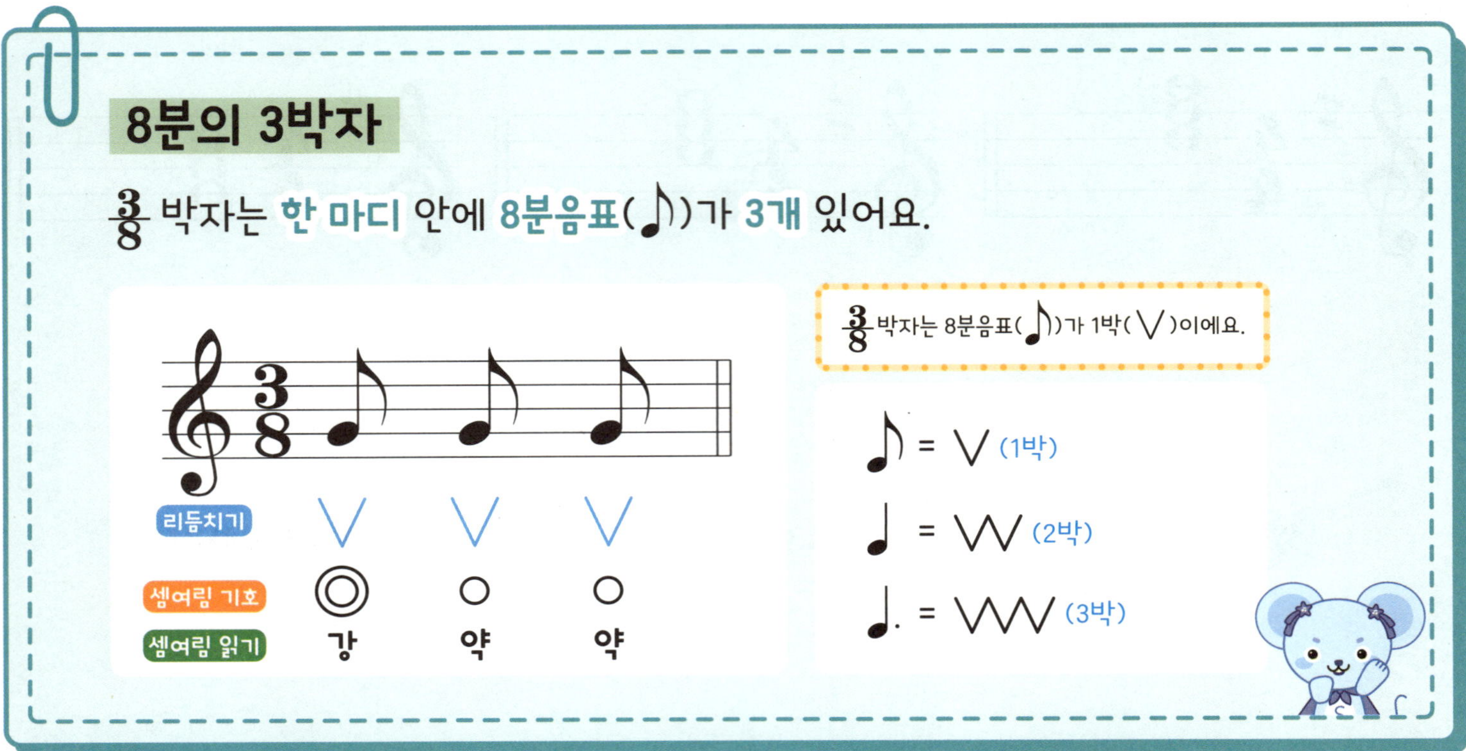

🔔 박자표를 따라 그리고, 써 보세요.

🔔 오선에 8분의 3박자를 그려 보세요.

🔔 8분의 3박자가 되도록 마디 안에 8분음표(♪)를 그려 보세요.

(3개)
(♪)

🔔 8분음표를 3개씩 '기'로 묶어 그려 보세요.

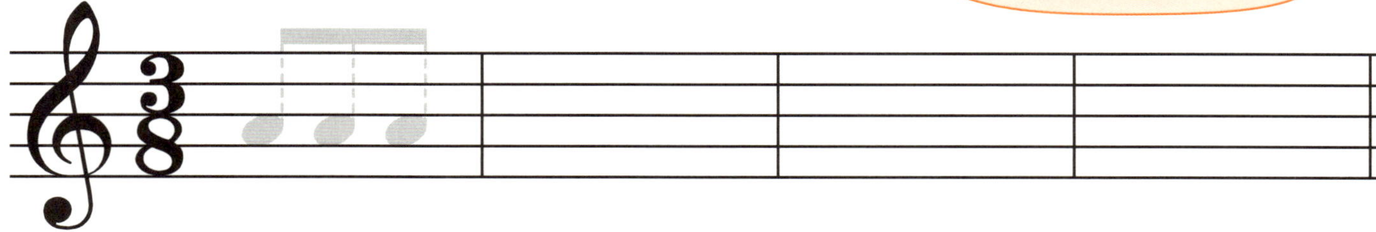

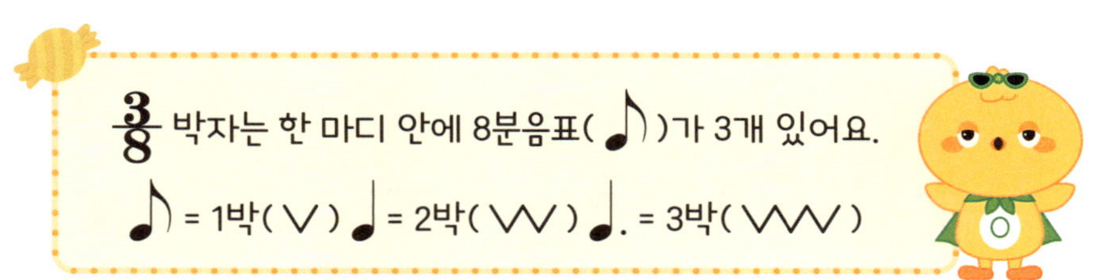

🔔 8분의 3박자에 알맞게 세로줄과 리듬치기를 그려 보세요.

박자표와 셈여림 (빠른 $\frac{6}{8}$)

🔔 따라 그리고, 써 보세요.

$\frac{6}{8}$ 박자에는 2가지 종류가 있습니다.
빨리 연주하는 곡은 빠른 $\frac{6}{8}$ 박자로 연주해요.

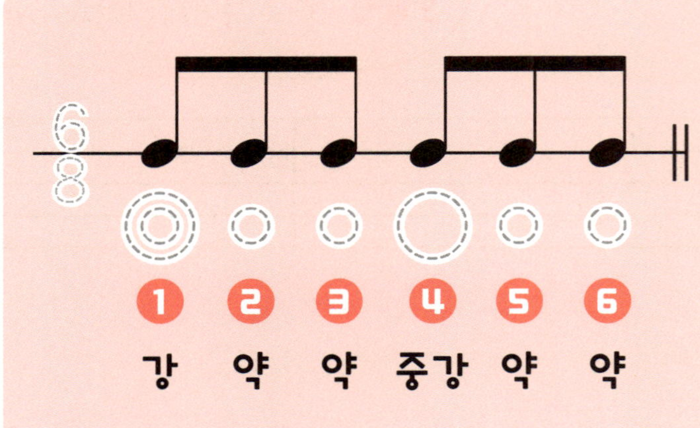

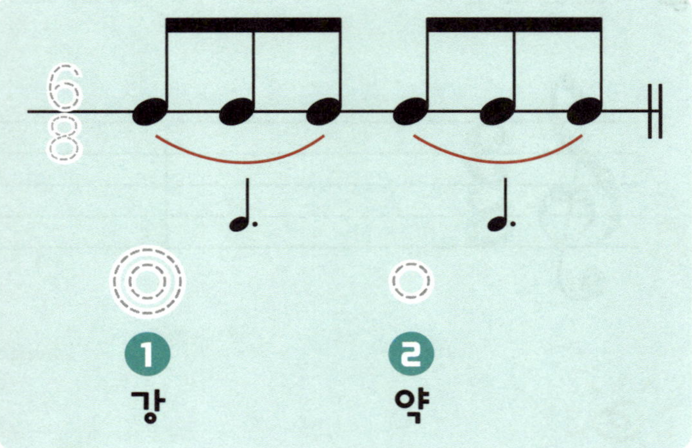

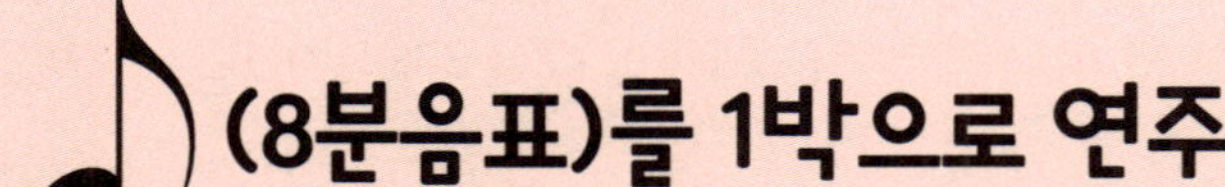

🔔 알맞은 것끼리 줄로 이어 보세요.

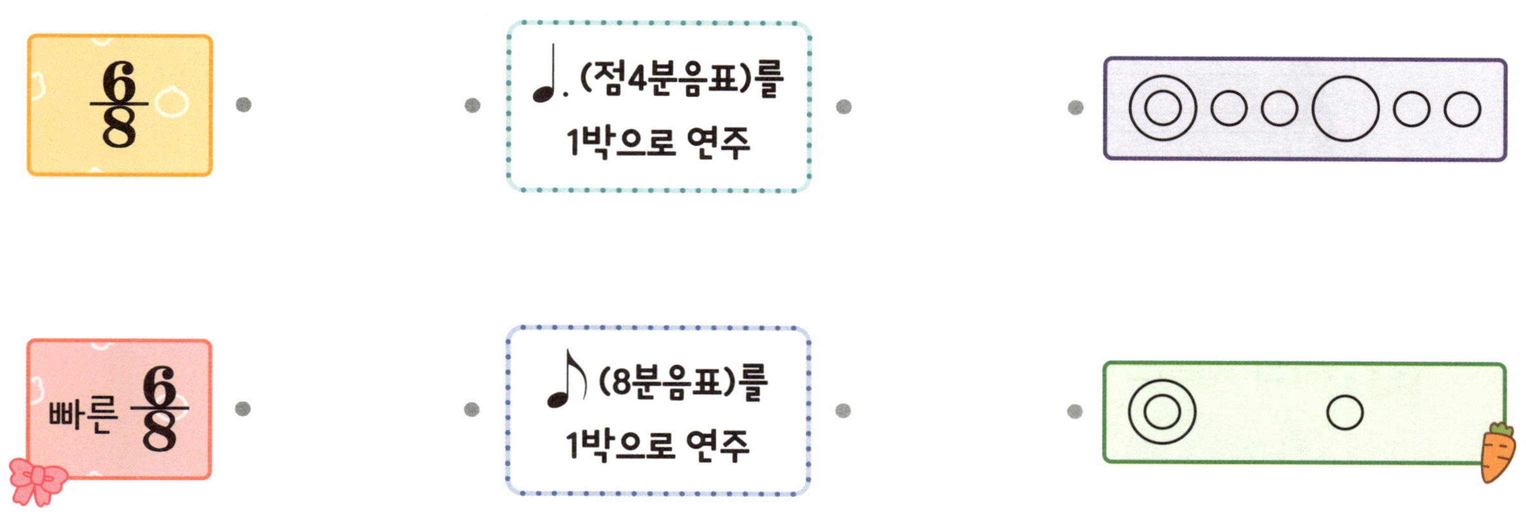

🔔 박자표에 알맞게 셈여림 기호를 그려 보세요.

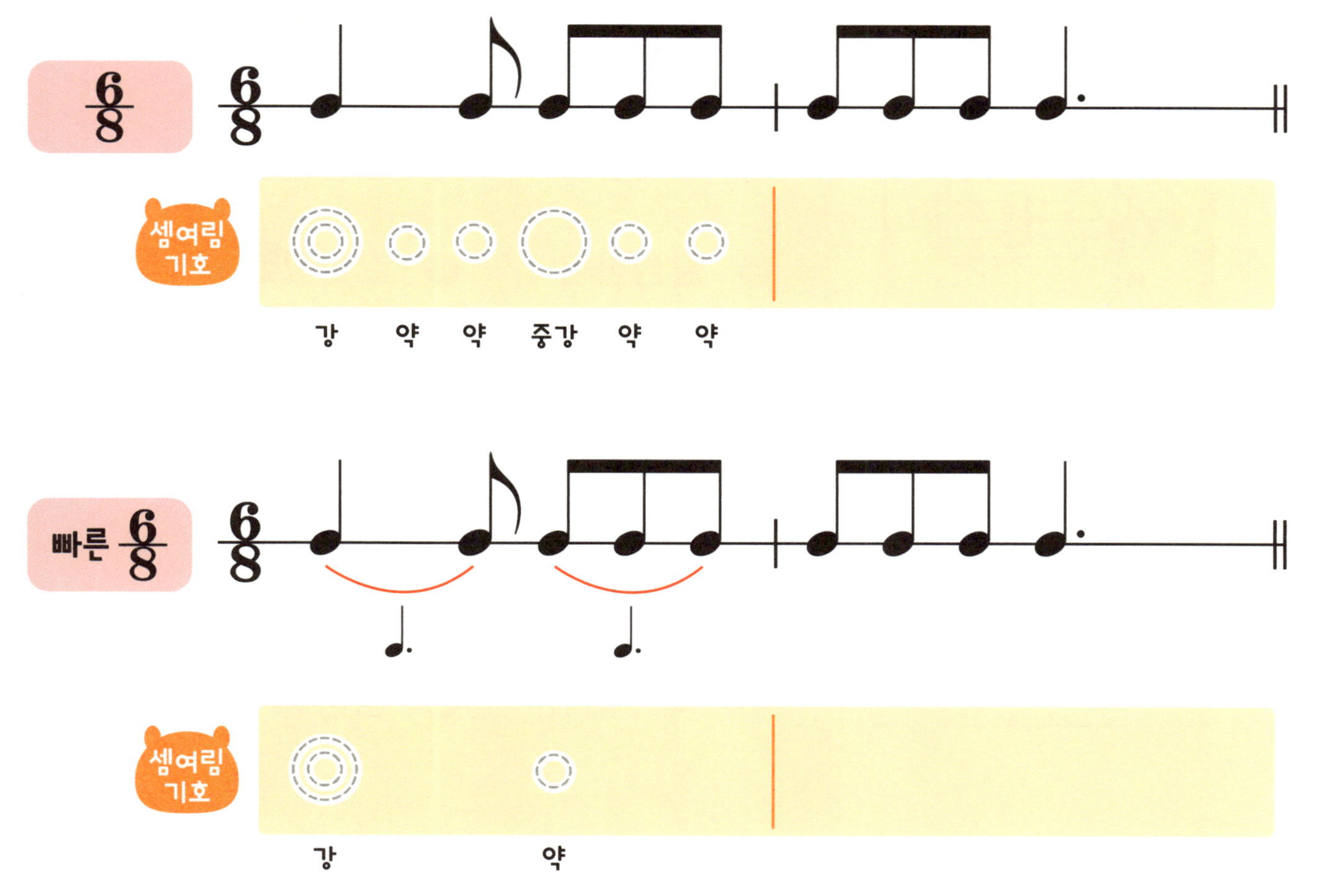

1 **사장조**의 **조표**로 알맞은 것은 무엇일까요? (   )

2 ⬬의 **이름**은 무엇일까요? (   )

❶ 스타카토　　❷ 페르마타

❸ 테누토　　❹ 레가토

3 다음은 **사장조**의 **어떤 화음**일까요? (   )

❶ 으뜸화음　　❷ 버금딸림화음

❸ 딸림화음　　❹ 딸림 7화음

4 다음 기호의 **뜻**은 무엇일까요? (   )

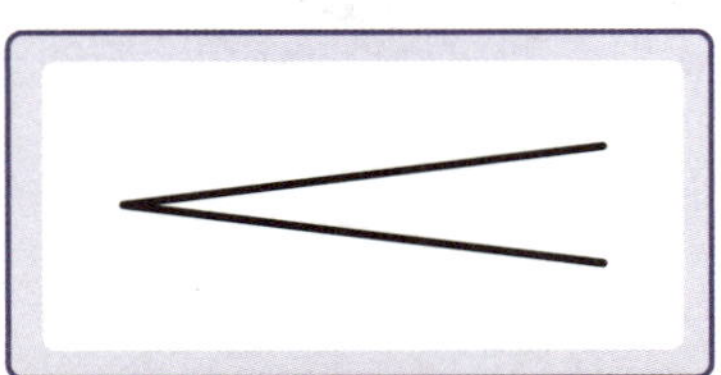

❶ 점점 느리게　　❷ 점점 여리게

❸ 특히 세게　　❹ 점점 세게

5 다음 **다장조 주요 3화음**의 **코드 네임**은 무엇일까요? (   )

❶ G   ❷ C

❸ D   ❹ E

6 **사장조 으뜸음**은 무엇일까요? (   )

7 **영어 음이름 'D'**음은 무엇일까요? (   )

❶    ❷    ❸    ❹ 

8 다음 음의 **계이름**과 **우리나라 음이름**은 무엇일까요? (   )

❶ 도 - 라   ❷ 레 - 가

❸ 미 - 마   ❹ 파 - 가

1 다음 **쉼표**의 **길이**로 바른 것은 무엇일까요? (　　　)

❶ 　　❷ 

❸ 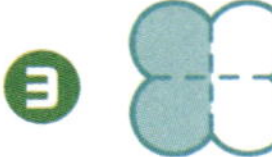　　❹ 

2 사장조의 **조표**와 **으뜸음**은 무엇일까요? (　　　)

❶ 　　❷ 

❸ 　　❹ 

3 다음 음의 **계이름**과 **우리나라 음이름**은 무엇일까요? (　　　)

❶ 도 – 사　　❷ 레 – 가

❸ 미 – 마　　❹ 파 – 가

4 반음 내려서 연주하는 음은 무엇일까요? (　　　)

5 사장조 주요 3화음이 아닌 것은 무엇일까요? (   )

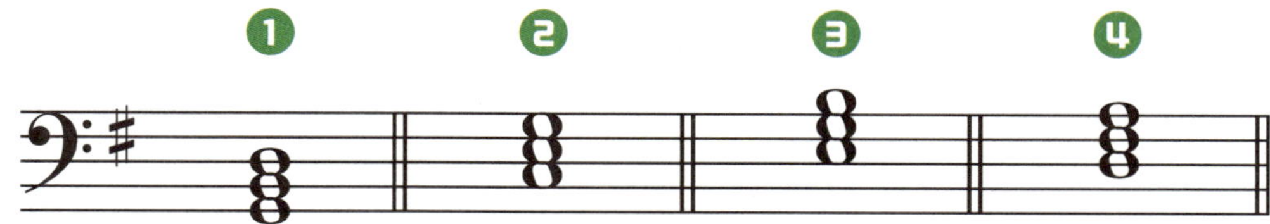

6 연주가 끝날 때 사용하는 기호는 무엇일까요? (   )

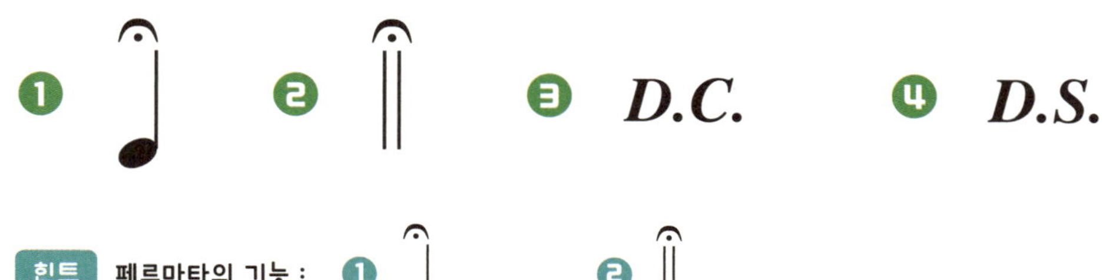

7 ‘*pp*’의 뜻은 무엇일까요? (   )

❶ 아주 여리게   ❷ 조금 여리게   ❸ 여리게   ❹ 조금 세게

8 당김음 리듬은 무엇일까요? (   )

1 $\frac{3}{8}$ 박자의 **셈여림 기호**는 무엇일까요? (   )

❶ ◎ ○   ❷ ◎ ○○

❸ ◎ ○ ○ ○   ❹ ◎ ○ ○ ○ ○ ○

2 다음 **사장조 주요 3화음**의 **코드 네임**은 무엇일까요? (   )

❶ D   ❷ G

❸ C   ❹ F

3 **셈여림표**의 **뜻**이 <u>틀린</u> 것은 무엇일까요? (   )

❶ f – 세게   ❷ p – 여리게

❸ mf – 아주 세게   ❹ pp – 아주 여리게

4 다음은 **사장조**의 **어떤 화음**일까요? (   )

❶ 딸림화음   ❷ 딸림 7화음

❸ 으뜸화음   ❹ 버금딸림화음

5 사장조의 계이름이 틀린 것은 무엇일까요? ( )

6 다음과 길이가 같은 음표는 무엇일까요? ( )

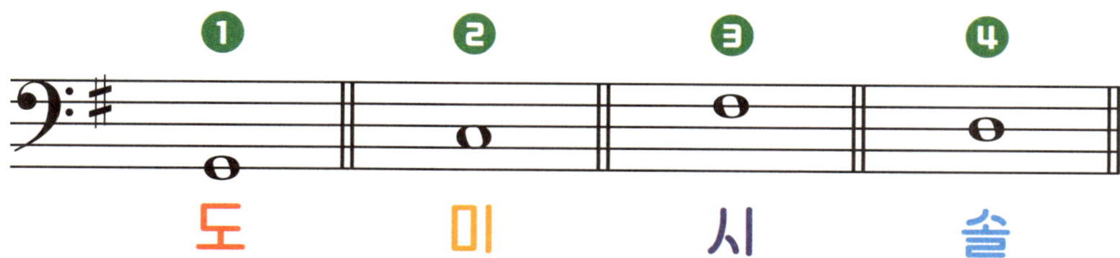

7 빠른 6/8 박자는 어떤 음표를 한 박으로 연주할까요? ( )

8 다음 음에 알맞지 않은 것은 무엇일까요? ( )

⭐ **1** 다음은 **사장조**의 **어떤 화음**일까요? (　　　)

❶ 으뜸화음　　❷ 버금딸림화음

❸ 딸림화음　　❹ 딸림 7화음

⭐ **2** **사장조 으뜸음**은 무엇일까요? (　　　)

⭐ **3** 다음 악보의 **계이름**은 무엇일까요? (　　　)

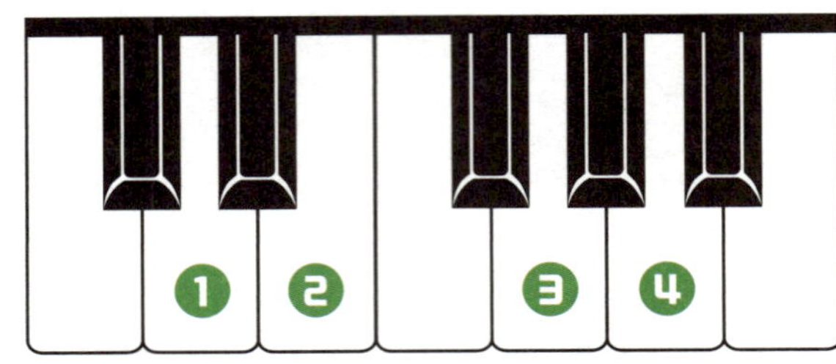

❶ 미 – 레 – 도　　❷ 라 – 솔 – 파

❸ 도 – 시 – 라　　❹ 솔 – 파 – 미

⭐ **4** $\frac{3}{8}$ 박자는 **어떤 음표**를 **한 박**으로 연주할까요? (　　　)

5 계이름이 <u>틀린</u> 것은 무엇일까요? (   )

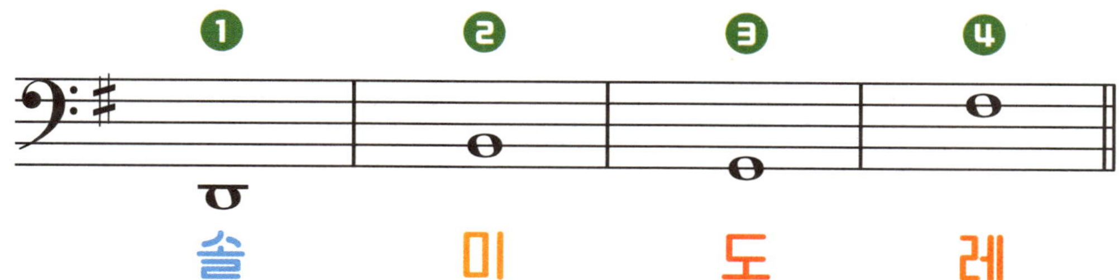

6 'G♭'음은 무엇일까요? (   )

7 조표 '♯' 3개를 순서대로 바르게 그린 것은 무엇일까요? (   )

8 빈칸에 들어갈 알맞은 박자표는 무엇일까요? (   )

❶ $\frac{3}{8}$ ❷ $\frac{4}{4}$

❸ $\frac{6}{8}$ ❹ $\frac{3}{4}$

1 다음은 **사장조**의 **어떤 화음**일까요? (   )

❶ 딸림 7화음　　❷ 으뜸화음

❸ 버금딸림화음　　❹ 딸림화음

2 빠른 $\frac{6}{8}$ 박자의 **셈여림 기호**는 무엇일까요? (   )

3 ~ 4 악보를 보고, 문제를 풀어 보세요.

3 위 악보의 **조이름**은 무엇일까요? (   )

❶ 바장조　　❷ 다장조　　❸ 사장조　　❹ 도장조

4 **임시표**가 있는 마디는 **어디**일까요? (   )

❶ 1마디　　❷ 2마디　　❸ 3마디　　❹ 4마디

5 검은 건반을 누르는 음은 무엇일까요? (   )

6 다음의 리듬치기로 바른 것은 무엇일까요? (   )

❶  ❷ 

❸  ❹ 

7 다음 음에 알맞은 건반 번호는 무엇일까요? (   )

8 다음 음의 우리나라 음이름은 무엇일까요? (   )

❶ 올림바   ❷ 라

❸ 사   ❹ 다

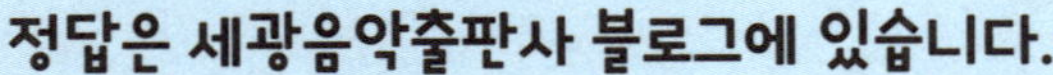

SOS 음악이론 with 평가문제 ⑩ 편집부 편

발행인 박현수
발행처 세광음악출판사 | 서울특별시 용산구 만리재로 178
　　　　 Tel. 02)714-0048(내용 문의)　　 Fax. 02)719-2656
　　　　 http://www.sekwangmall.co.kr

공급처 (주)세광아트 Tel. 02)719-2651　　 Fax. 02)719-2191

|**총괄**| 강성호
|**편집 및 교정**| 한송이, 김성은, 여정민
|**디자인**| 강주연, 박지민
|**제작**| 김상준
|**마케팅**| 강성호, 윤미희

등록번호　 제 3-108호(1953. 2. 12)　　 **인쇄일** 2024. 11
ISBN　　 978-89-03-12380-4　 93670

ⓒ 2024 세광음악출판사

This certificate is awarded to the above student
who successfully passed the SOS music theory test
conducted by our academy.

위 학생은 본 학원에서 실시한
SOS 음악이론 테스트에서
위 수준을 통과하였기에 이 상장을 수여합니다.

년   월   일

학원명   원장